Romance Espírita

ESCLAVO BERNARDINO

Por el espíritu
António Carlos

Psicografía de
VERA LÚCIA MARINZECK DE CARVALHO

Traducción al Español:
J.Thomas Saldias, MSc.
Trujillo, Perú, Mayo, 2021

Título Original en Portugués:
"Escravo Bernardino"
© Vera Lúcia Marinzeck de Carvalho, 1993

Revisión:
José A. Peralta Medina

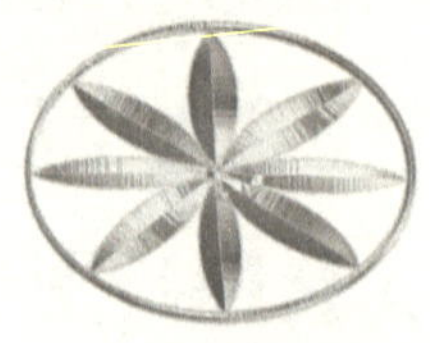

World Spiritist Institute
Houston, Texas, USA
E–mail:
contact@worldspiritistinstitute.org

De la Médium

Vera Lúcia Marinzeck de Carvalho (São Sebastião do Paraíso, 21 de octubre –) es una médium espírita brasileña.

Desde pequeña se dio cuenta de su mediumnidad, en forma de clarividencia. Un vecino le prestó la primera obra espírita que leyó, "El Libro de los Espíritus", de Allan Kardec. Comenzó a seguir la Doctrina Espírita en 1975.

Recibe obras dictadas por los espíritus Patrícia, Rosângela, Jussara y Antônio Carlos, con quienes comenzó en psicografía, practicando durante nueve años hasta el lanzamiento de su primer trabajo en 1990.

El libro "Violetas na Janela", del espíritu Patrícia, publicado en 1993, se ha convertido en un éxito de ventas en el Brasil con más de 2 millones de copias vendidas habiendo sido traducido al inglés, español, francés y alemán, a través del World Spiritist Institute.

Del Traductor

Jesús Thomas Saldias, MSc., nació en Trujillo, Perú.

Desde los años 80s conoció la doctrina espírita gracias a su estadía en Brasil donde tuvo oportunidad de interactuar a través de médiums con el Dr. Napoleón Rodriguez Laureano, quien se convirtió en su mentor y guía espiritual.

Posteriormente se mudó al Estado de Texas, en los Estados Unidos y se graduó en la carrera de Zootecnia en la Universidad de Texas A&M. Obtuvo también su Maestría en Ciencias de Fauna Silvestre siguiendo sus estudios de Doctorado en la misma universidad.

Terminada su carrera académica, estableció la empresa *Global Specialized Consultants LLC* a través de la cual promovió el Uso Sostenible de Recursos Naturales a través de Latino América y luego fue partícipe de la formación del **World Spiritist Institute**, registrado en el Estado de Texas como una

ONG sin fines de lucro con la finalidad de promover la divulgación de la doctrina espírita.

Actualmente se encuentra trabajando desde Perú en la traducción de libros de varios médiums y espíritus del portugués al español, habiendo traducido más de 160 títulos, así como conduciendo el programa "La Hora de los Espíritus."

ÍNDICE

Introducción

La época de la esclavitud en Brasil es todavía reciente. Ciento y pocos años separan este período, donde hubo tantos amores y tantos odios. Sentimientos de fuertes lazos que se perpetúan hoy. Odios que generaron venganza y obsesiones dolorosas. Eventos que nos marcaron a todos, espíritus, que durante más de una encarnación están en el tan amado suelo brasileño.

Les presento una historia real y espero que no solo se distraigan con mi historia, sino que también se eduquen, aprendan, lo que lleva a perdonar y amar a todos como hermanos.

Ciertamente, los tratos eran diferentes en ese momento, y los esclavos hablaban de una manera peculiar. También los términos que uso, muchos no se conocían en ese momento, pero me pareció educativo usarlos para reemplazar los términos que usaban y que muchos, al tener, no serían conscientes. Para facilitar la lectura, escribo como si la historia sucediera a fines de este siglo.

Es la historia de un amigo, pero podría ser cualquiera de nosotros. ¿Quién puede decir que no tiene una historia que pueda convertirse en romance? ¿Será de esta encarnación, sea de nuestro pasado? Creo que todos tenemos una historia y, como es nuestra, es muy interesante.

Antônio Carlos

São Carlos – SP – 1993

1.– RECORDANDO

Estaba atado, atado firmemente a un tronco. Tenía un gran dolor físico y estaba humillado y avergonzado.

Los latigazos comenzaron. Estaban zumbando en el oído. El primero pareció separarme en dos. El dolor fue inmenso, una mezcla de picadura y dolor de cortes me hizo gemir en voz alta. Fue como si el fuego me hubiera quemado. Dos... tres... Conté hasta cinco, luego intenté sofocar mi grito de amargura, dolor de terror. Pero no fue posible evitar los gemidos. Mi cabeza dio vueltas y me desmayé.

Un poco mareado vi que otros negros me desataron del tronco y me llevaron, empapado en sangre. Estaba sin camisa, mis pantalones crudos de algodón estaban mojados, la sangre en mi espalda corría por mis piernas.

Me pusieron boca abajo sobre una estera y un viejo negro vino a cuidarme. Primero me dio un té amargo para beber.

– Toma esto, te quitará algo de tu dolor – dijo –, y comenzó a limpiar mi espalda.

El dolor físico fue grande y el moral igual.

– Te voy a curar.

– ¿No es mejor dejarme morir? – Respondí con dificultad –. Tal vez de esa manera pueda estar cerca de los que amo.

– Tal como estás, si murieses y te quedaras cerca de alguien, no le haría ningún bien a nadie. Si el Padre Celestial no te desencarnó, es porque tienes que quedarte aquí. Piensa, hijo, que tienes que mantenerte vivo por tu propio bien. Estarás bien.

– ¿Para qué?

– Para cumplir tu misión. Quizás, quién sabe, aprender a vivir y valorar tu vida y la de los demás. Descansa. Cállate que te voy a dar un medicamento.

Traté de quedarme quieto, la medicina me dolió mucho. Las caras de mi Mara y mis dos hijos pasaron por mi mente. Los amaba. Y los recuerdos surgieron.

Vine de África, de mi hermoso país de origen, cuando tenía unos ocho años aproximadamente. En ese lugar fui muy feliz, a pesar de tener pocos recuerdos. Pero realmente extrañé ese momento feliz, mis padres, familiares y amigos. Tiempo que corría libre por el campo, por el bosque, desde mis baños a través de ríos y cascadas. Mi nombre era Iada, era hijo del jefe de un pequeño pueblo. Era libre como un pajarito, amaba la vida, amaba correr y jugar con otros niños de la tribu.

Pero un día terminó, fuimos atacados por hombres blancos que vinieron sin piedad disparando con sus poderosas armas. No se pudo hacer nada. Nuestros guerreros lo intentaron, pero fueron asesinados sin piedad. Vi morir a mi padre, mi madre, mis abuelos y muchos amigos. Jóvenes y niños mayores fueron arrestados. Era grande y fuerte para mi edad, estaba separado con un grupo y atado, bien atado, nos obligaron a caminar. Los seguí a lo largo del río, todos sabían que iba a dar al mar. Caminamos durante días y los blancos no nos dejaban hablar. Curioso, le pregunté al compañero a mi lado: era un chico fuerte y valiente de quince años:

– ¿Dónde vamos? ¿Iremos al mar?

– No estoy seguro para dónde vamos. Aparentemente no está cerca, allí estamos muy lejos del pueblo y si vamos por mar es porque está lejos.

– ¡Cállate! – dijo un hombre blanco – y azotó su rostro que estaba marcado y salió sangre. No entendí la razón del castigo. Estaba molesto, mi compañero fue golpeado por mi culpa. No me atreví a hablar más. Nos quedamos callados. Bebí agua a voluntad, pero nos alimentamos poco.

El mar siempre es hermoso, pero verlo ese día que llegamos apretó mi corazón. Parecía ser la causa de la separación de una vida feliz y libre que llevamos.

Nos arrojaron a la bodega de un barco con muchos otros negros. Estábamos acurrucados juntos. Mi hermana Maã, de trece años, era muy hermosa y amable, trató de estar tranquila, calmar a todos y reunir a los miembros de nuestro pueblo cerca de ella. Así que estamos cerca de conocidos. Pero seguí preguntando con gran dolor:

– ¿Por qué todo esto? ¿A dónde vamos? ¿Qué será de nosotros?

Estas fueron preguntas que todos nos hicimos sin respuestas. Estaba llorando mucho por la muerte de mis padres y todos los que vi morir.

Tuvimos un viaje horrible, comimos poco, nos acurrucamos juntos. Vi con gran tristeza que muchos amigos y compañeros de infortunio morían enfermos, otros golpeados. Mujeres violadas por hombres blancos y algunas muertas, como mi hermana, Maã. Todos los días, los hombres venían y elegían niñas y mujeres jóvenes y las llevaban a bordo del barco. A veces escuchábamos sus gritos, cuando regresaban estaban heridas, sangrando y sin ropa. Los ancianos las cuidaron. Algunas no volvieron. Como una niña que se fue con mi hermana más tarde dijo:

– Madre murió a manos de los blancos. Ellos la tiraron al mar.

Con su muerte, todo se volvió aun más triste, ella era un ángel de consuelo; lloré mucho cuando la desataron y se la llevaron, y ella nunca regresó.

Después de un tiempo (nunca supe cuánto duró este viaje de horror, que mis ojos inocentes e infantiles vieron todo sin comprender, horrorizados) llegamos a tierra, pero muy diferente de lo que era mi hogar. Bajar del barco fue un alivio para todos nosotros. Al menos podríamos respirar mejor, caminar y liberarnos de ese incómodo vaivén. Pero estábamos muy bien atados; salimos del barco, caminando con dificultades. Entramos en un gran cobertizo, donde estábamos desatados, pero estábamos bajo vigilancia y allí encerrados.

Pudimos bañarnos y nos vimos obligados a usar ropa, pantalones de hombres y mujeres vestidas, y luego nos dieron de comer. Pudimos hablar libremente. Les pregunté a los ancianos:

– ¿Seremos separados? ¿Regresaremos algún día a nuestra patria?

– Tendremos suerte de estar juntos, dijo un joven guerrero, pero uno de los más viejos del grupo. En cuanto a regresar a nuestra patria, no lo creo, solo después que el cuerpo muere.

– ¡Que tristeza! – suspiró una mujer joven.

La comida era diferente a lo que estábamos acostumbrados, pero estaba deliciosa y pudimos comer por primera vez, de prisioneros, a voluntad. Comí mucho. Al día siguiente nos encadenaron y nos llevaron a un lugar donde había mucha gente y nos quedamos allí.

– Será mejor que nos quedemos callados – dijo Anon, un joven valiente de nuestra tribu –. Creo que ya no seremos libres. No sé qué nos espera, pero es mejor estar tranquilos.

– ¡Ni siquiera hicimos esto con animales! ¿Somos peores que los animales? – dijo una mujer joven con tristeza.

– ¡Cállate!

Conversábamos en nuestra lengua, no entendíamos a los blancos y ellos tampoco a nosotros. Pero ya sabíamos que esta frase que escuchamos tanto era para estar quietos.

Nos quedamos allí y mucha gente blanca nos miró. Entendí que nos comercializaban. Y uno por uno se separó y se fue. Mi turno llegó. Comencé a llorar cuando un hombre blanco comenzó a examinarme, mirándome los dientes. Era el señor Ambrózio. Lo pateé y recibí una fuerte bofetada, la sangre corría por mi cara delgada. Estaba callado, estaba separado de todos los que conocía, de mi sangre y mis hermanos del pueblo. Con otros negros desconocidos me llevaron a un carro y fuimos a la hacienda. Asustado, me instalé en las habitaciones de los esclavos y recibí el nombre de Bernardino.

– Que soy ahora – pregunté asustado Nadie me entendió, fueron a buscar a un hombre negro

Sabía hablar muy mal mi lengua. Él me respondió tan bien como el que me enseñó a hablar su idioma.

– Ahora eres un esclavo, una propiedad del dueño de la hacienda.

– ¿Como un animal?

– Peor aun, los animales están mejor tratados.

– ¡Dios mío!

Nunca más salí de la hacienda. Crecí, ya no tenía hambre, hice amigos, aprendí a hablar el nuevo idioma y a trabajar, a servir a los blancos.

A los dieciocho años me apareé con Mara, entonces con quince años. Me apareé, digo esto porque los negros no se casaban, comenzaban a vivir juntos. Mara era muy hermosa. Nos amábamos Teníamos sentimientos que la mayoría de los blancos ignoraban. Éramos tachados de diferentes, solo por el color de nuestra piel. Éramos esclavos, solo porque éramos negros.

"¡Somos mascotas que benefician a nuestros amos!" Siempre escuché este comentario. De hecho, hicieron lo que querían hacer con nuestras vidas.

Durante tres años, Mara y yo vivimos felices en nuestros sueños juveniles.

– Quería ser libre y blanco – decía – quería ser empleado y tener una pequeña casa para nosotros.

– Quizás algún día la tengamos, Bernardino – decía Mara –. Siempre sueño con estar en una casa pequeña, en una hermosa hacienda y rodeados de niños.

– ¡No veo cómo!

Tuvimos dos hijos, una pareja. Los amaba mucho. Todos dormíamos juntos, cada familia en un rincón de la senzala, el cobertizo de los esclavos.

Recordé bien esa noche, cuando los niños a nuestro lado dormían y Mara me dijo en voz baja, muy preocupada:

– Bernardino, escuché hoy en la cocina, al coronel decirle al sr. Ambrózio que, si las cosas continúan así de mal, tendrá que vender muchas cosas aquí en la hacienda. Tengo la impresión que estas cosas somos nosotros.

– ¡Cálmate, Mara, vamos a dormir!

– No puedo, solo estoy pensando en lo que podría pasarnos.

Mara se calmó y se puso a pensar. El coronel era nuestro dueño, había heredado la hacienda de su padre hacía tres años, cuando murió. Cuando se convirtió en dueño, comenzó a beber demasiado y a apostar, gastando mucho dinero. Fue el sr. Manuel, el administrador, quien se hizo cargo de la hacienda.

Él mismo no se ocupó de nada, solo de gastar. El sr. Ambrózio era un capataz, un hombre bueno y honesto, un empleado de confianza. Y esta conversación que Mara escuchó fue realmente motivo de preocupación, porque la hacienda era una plantación de café y ya había sido vendida, así como algunos caballos y ganado. Los animales que quedaban eran solo aquellos indispensables para la hacienda. Estas cosas que dijo bien podríamos ser nosotros. Sentí un miedo horrible de ser vendido por separado. Tenía veintiún años, amaba la vida y quería ser feliz o al menos permanecer como era. Pensé que era malo ser esclavo, dormir en la senzala, trabajar duro, pero sabía que tenía otras formas de vivir peor; no me quejaba y estaba bien con Mara, mis hijos y amigos.

Levanté la cabeza, Mara durmía, pasé una mano por su cabello, miré a los niños. "Los amo tanto, los quiero más que a mí mismo."

Traté de no pensar más, pronto tendría que levantarme para trabajar. Terminé durmiendo.

– ¡Bernardino, levántate!

Fue Mara despertándome, sonriendo. Me levanté y junto con los otros compañeros fuimos al campo. Eran aproximadamente las diez de la mañana, cuando el señor Ambrózio me pidió que volviera a la hacienda. Vi que también envió a otros a regresar a la sede.

Llegué al patio y había veinte compañeros. Nos miramos sin saber lo que estaba pasando. Llegué a pensar que podría ser algo malo que alguien hiciera. Incluso para recibir un pedido diferente. Pero sin explicarnos nada, dos hombres blancos que desconocíamos tenían las armas apuntadas hacia nosotros y los empleados de la hacienda nos encadenaron los tobillos y los puños. Nos colocaron en dos vagones.

– ¿Dónde vamos? ¿Dios, que está pasando?

– Juan preguntó gritando. Januário, un empleado cínico y malo, que no nos gusta a todos, respondió sonriendo:

– ¡Van a la feria, se venderán!

Un ronco y ahogado grito vino de mi pecho, creo que todos gritaron desesperados. Aquí estaban los mejores esclavos de la hacienda y separados de sus familias; Nos íbamos sin siquiera decir adiós. Al ver a mis compañeros gritar y llorar, pregunté con angustia cuando los carros partieron hacia la ciudad:

– ¿Por qué? ¿Por qué nos separamos de la familia?

– ¿Familia? – dijo Januário – riéndose de nuestra desesperación. No tienes familia, tienes camadas.

Al pasar por la puerta de la hacienda, me desesperaba más, mis ojos asustados miraban todo con agonía. Nadie dejó la senzala o la casa grande para vernos partir. Creo que hicieron todo sin que nadie lo supiera. Nuestros gritos solo los negros en la casa grande o los que estaban cerca podían haber escuchado, porque el resto estaba en los campos. Mara estaba en la cocina de la casa grande, pero se le impidió, junto con los demás, salir a ver qué estaba pasando.

Me tranquilicé, o al menos intenté calmarme. Luché por liberarme, vi que era imposible, con el esfuerzo que hice me lastimé. Lloré suavemente y me quedé callado, creo que todos pensaron eso. Solo unos pocos rebeldes más maldijeron, lanzando improperios al coronel. Todos allí sufrieron mucho. No conocía ningún otro lugar, ya que recordaba poco de mi hogar en la tierra lejana. Fue allí en la hacienda donde vivía, donde estaban mis amigos y mi familia. La hacienda estaba desapareciendo de mis ojos y sentía un inmenso dolor. Entonces recordé un hecho y grité:

– ¡Sr. Ambrózio! ¡Sr. Ambrózio!

El señor Ambrózio montaba a caballo, no lejos de un carro, estaba triste. Respondió mi llamada y vino.

– Sr. Ambrózio, el coronel me debe un favor. Le salvé la vida ese día evitando que se caiga de su caballo. No pueden venderme así, separándome de Mara y mis hijos.

– Bernardino, fue el coronel mismo quien eligió a los esclavos para ser vendidos. Él dijo, nosotros obedecemos. Le recordé este hecho, pero él ordenó que tú también estuvieras en la lista. Ni siquiera quería verte o explicarte. Solo lo ordenó.

– ¿No sería mejor para él vender la hacienda con todo lo que contiene? – Preguntó Jeremías

– Él piensa que con la venta de ustedes no tendrá que vender la hacienda. Debes valer mucho dinero – respondió el señor Ambrózio con la cabeza baja.

– ¡Miserable! ¡Me vengaré de él! – dijo Jeremias, un negro que también salió de la hacienda con una esposa y ocho hijos. Otro compañero preguntó:

– ¿Cómo? ¡Ni siquiera puedes salvarte a ti mismo! Aun más para vengarte.

– Moriré algún día, ¿no? Si no puedo escapar del lugar al que iré, me suicidaré y vendré detrás de este desgraciado y Januário, este maldito. Los vengaré muertos o, cuando muera y estén vivos en los cuerpos, me quedaré para torturarlos, como ahora están haciendo con nosotros.

– ¡Infelices somos! – Dijo otro.

– También lo serán ellos, en esta vida todavía en preferencia, o cuando muera, hasta que nazca de nuevo. No descansaré, no tendré paz, hasta que me vengue.

– Estoy contigo – dijo el otro – también me vengaré. Si él es capaz de hacer tal maldad y Dios lo permite, el Padre más grande también nos permitirá vengarnos. ¡Sufrirás, maldita sea!

El señor Ambrózio no dijo nada, se fue otra vez. Comencé a llorar en voz alta, infeliz, y suplicando piedad. Otros también lo hicieron.

Recordé el día que salvé al coronel. Había pasado un tiempo atrás. Su padre aun estaba vivo. El coronel había salido a montar un caballo bravo. Su padre me dijo que fuera tras él. Siempre me gustaron los animales y los cuidé con facilidad y rapidez. Era la persona adecuada para dominar a los animales. Tomé un buen caballo y galopaba hacia donde había ido el coronel. Tan pronto como lo vi, el caballo inquieto no lo obedeció y trató de equilibrarse con dificultad. Usando un viejo truco, hice que su caballo me siguiera y lo cerré en una rutina. Salté de mi caballo, agarré las riendas. El coronel logró bajar, blanco de miedo. Se desmayó, pero no resultó herido. Por un tiempo fui un héroe. Tuve ropa y algunas ventajas. Ahora que todo estaba olvidado, me enviaron a vender como un caballo.

– ¿Te duele mucho, hijo mío?

El negro que me cuidó me preguntó, haciéndome dejar de pensar.

– Sí, me duele...

– Cálmate, te cuidaré. ¿Por qué escapaste?

No respondí, el viejo mirándome pensativamente no hizo más preguntas y continuó cuidando mi espalda. Regresé a mis recuerdos.

2.– EN VENTA

Llegamos a la feria, la volví a ver, esta vez la observé bien. Ahora entendía lo que estaba pasando aquí. Allí intercambiaban comida, animales y esclavos.

– ¡Negros repugnantes! – Dijo una mujer, escupiendo a un lado con un aire de asco.

– ¿Son buenos esclavos? – Dijo un caballero, observando.

– ¡Este parece dócil! – Dijo una mujer, con una mirada extraña.

– Quería ver a este tirando del arado.

Hubo muchos comentarios que escuchamos de personas que aprobaron al examinarnos.

Estábamos atados el uno al otro, observados por los supervisores. La subasta comenzó, nos exhibieron, nos hicieron mostrar nuestros dientes. Dijeron nuestra edad y nombre.

Me quedé último, viendo con el corazón partido y con un gran dolor moral que vendían y se iban mis amigos, sin el coraje de decir adiós. Mi turno había llegado.

Era fuerte, un metro ochenta y cinco, con hombros anchos, rasgos delicados como los blancos. Era de color mulato, marrón oscuro y con una gran mancha negra en la frente, de unos dos centímetros de diámetro. Se hicieron ofertas y me vendieron muy caro. No me quedé con ningún compañero en la hacienda. Me sentí aun más solo.

Seguí a mi nuevo capataz atado con cadenas a mis muñecas, tobillos y cuello. Fue horrible, las cadenas me hicieron daño, lo que dificultaba incluso respirar.

El capataz no era de mucha prosa, pero respondió las preguntas que le hicimos, mis compañeros, catorce negros y yo. Todos comprados en la feria.

– ¿Dónde vamos?

– A la hacienda Capão Alegre. Vamos a construirla.

– ¿No hay nada allá?

– Solo mato, pero con ustedes trabajando pronto será construida y se verá hermosa.

Primero fuimos a un camino, luego al campo. Había lugares que debían dejar paso a los carros. Había un capataz a caballo y otros dos guiando los carros donde estábamos con algunos materiales de trabajo y suministros. Llegamos después de un día completo de viaje. Estábamos hablando. Aunque triste, hablé y les conté mi historia. Todos tenían historias tristes que contar. Allí estábamos todos separados de la familia. Algunos por castigo, otros vendidos simplemente por voluntad de los propietarios.

Llegamos a mi nuevo hogar. Era un lugar feo. En comparación con la otra hacienda, fue muy triste. Todos estábamos asustados. No había nada en esta hacienda, todo se iba a construir. Nos bajamos de los carros y se nos quitó la cadena del cuello, lo que nos dio un poco de alivio.

Acampamos cerca de un pozo de agua donde pudimos tomar a voluntad y nos sirvieron la comida que trajeron. Comimos poco y nos fuimos a dormir, porque estaba oscureciendo. Dormimos al aire libre. Al día siguiente, tan pronto como salió el sol, escuchamos la orden:

– ¡Al trabajo! Vamos a construir una gran hacienda aquí.

Comenzamos a hacer la senzala. Solo había hombres, nosotros éramos los que hacíamos nuestra comida. Había poca comida y comimos mal. Estábamos encadenados solo por los tobillos, la cadena entre uno y otro era de tres metros. Por lo tanto, no podríamos distanciarnos el uno del otro. Fuimos vigilados por dos capataces durante el día y por la noche por el otro. De vez en cuando llegaba un carro con suministros y luego se iba. No fuimos castigados, nadie fue azotado, pero comimos poca y pobre comida. Y la nostalgia castigaba. Cuando trabajamos, no se nos permitía hablar, pero dejábamos de trabajar por la noche y podíamos hablar a voluntad.

– Estoy aquí – dijo Onofre –, castigado en lugar de mi hijo. Robó, fue descubierto, tiene hijos pequeños. Soy viudo y solo tengo hijos grandes. Tomé la culpa por él.

– ¿Te arrepientes? – Pregunté.

– No, es malo aquí y sufro, pero no me arrepiento. Lo hice y está hecho. Solo espero que mi hijo tenga sentido y ya no robe.

Marcílio también nos cuenta sobre su vida.

– Estoy aquí por mirar a la Siñá. Ella es una niña bonita. Me gustaba verla. El Siñó se enteró y me vendió. ¿Cómo se atrevía un negro a mirar, a codiciar una blanca? Dejé a mi mamá y a mi papá llorando. No creo que los vuelva a ver nunca más.

Nos hicimos amigos, todos pronto conocimos la vida del otro. Estaba desesperado por no saber qué estaba pasando con Mara y los niños. "¿Podría ser, pensé, que todavía estaban en la hacienda? ¿Se separaron?" Acepté la situación solo por ellos, solo por la esperanza de estar juntos de nuevo. Sabíamos que aun no teníamos una manera de escapar. Para olvidar el dolor del anhelo, trabajé duro.

Nadie conocía la hacienda de donde venía, así que no sabía si estaba lejos o cerca. Supuse que no estaba lejos.

También fue difícil calcular el tiempo. Trabajamos todos los días sin descanso. La senzala estaba lista y comenzamos a construir el cobertizo. Comenzamos a sentirnos débiles, el resultado de una dieta pobre. Hasta que un día, Pedro no se levantó.

– Estoy pasando mal. Ayúdame... Mi Dita, mis muchachos... Ay... Ay...

Fueron sus últimas palabras. Poco después de su muerte. Lloramos su muerte y pensé: "¿Verás a tu familia ahora? ¿Podrás quedarte con ellos?"

Ese mismo día, otros comenzaron a enfermarse, a sentir lo que Pedro sentía. Fiebre, vómitos, diarrea y dolores corporales. Los capataces tenían mucho miedo. Nos encerraron dentro de la senzala, que construimos nosotros mismos, y se fueron.

– Vamos tras el jefe. Quédate aquí. Estaba débil, había perdido mucho peso, casi todos se enfermaron. Empecé a sentir el efecto de la extraña enfermedad. Estuvimos encerrados durante tres días, sin comer y con poca agua. Dos esclavos más murieron. Nuestro señor, el jefe, vino. Él abrió la senzala, nos liberó, nos dio alimentos, medicinas y tisanas más fuertes. Mejoramos, nos mandó vender.

– Serán vendidos, necesito esclavos sanos y fuertes para construir esta hacienda. Ustedes débiles y enfermos no sirven de nada.

Y allí estábamos nuevamente encadenados. Odiaba la cadena alrededor de mi cuello, me maltrataba y me lastimaba. Cambié mucho en el tiempo de esta hacienda. Parecía otro, delgado, abatido y triste.

De nuevo en la feria, me separaron de los demás y volví a estar solo. Me compraron y me llevaron a otra hacienda.

Esta hacienda estaba cerca de la ciudad. Tan pronto como llegamos, me llevaron a la senzala. Deshacerse de las cadenas fue un alivio. Curiosos, los otros negros se me acercaron.

– ¿Cómo te llamas?

– Bernardino

– ¿Por qué te vendieron?

– Porque el dueño de la hacienda, el Siñó, quebró. ¿Alguien ha oído hablar de la hacienda de Santa Clara?

– Ya escuché. ¿Viniste de allí? Está a un par de días caminando desde aquí. Escuché este hecho, escuché comentarios. Siñó se declaró en quiebra y vendió todo.

– ¿Hacia qué lado está?

– Oh, no puedo decir – comentó un hombre negro de aspecto inteligente.

Los esclavos allí parecían vivir bien, estaban sanos y bien alimentados. Me bañé, me puse ropa y comí mucho. Se nos permitió descansar en la senzala durante tres días, luego me dieron trabajo. Fui al campo a trabajar con café. No estaba atado, pero muchos capataces nos observaban atentamente.

Empecé a trabajar, pronto uno de los compañeros dijo:

– No, no así, hombre de Dios, más despacio. Mira, así es como lo hago. A un ritmo lento, tienes todo el día por delante. Lentamente, de lo contrario te cansarás pronto. Y úsalo para trabajar así, pronto uno de los capataces nos obligará a seguir tu ritmo.

– Gracias. Haré como tú.

Sonreí en agradecimiento. Me di cuenta que todos trabajaban en una cadencia. Miré a mi alrededor con curiosidad, observando todo. No sería difícil escapar de allí. Debes guardar tu fuerza cuando llegue el momento adecuado. Fuerzas para correr y ganar libertad. Empecé a alimentar mi sueño de escapar. Aumenté de peso, no estaba tan abatido, pero estaba muy triste y nostálgico. No estaba de humor para hablar, solo respondía preguntas que me hacían directamente. Los domingos no trabajábamos. Nos reuníamos, así como a veces, por la noche frente a la senzala, para hablar, cantar e incluso bailar. A veces me sentaba junto a ellos, pero solo escuchaba, no hablaba; lloré, siempre escondido, con anhelo.

La idea de escapar estaba tomando forma en mi mente. Planeé todo cuidadosamente y esperaba una oportunidad. Este día llegó. Estaba lloviendo mucho y los supervisores luchaban por protegerse con sus capas. En el camino al campo, me las arreglé para esconderme en un matorral de hierba. Ni siquiera los otros compañeros lo vieron. Temía que uno de ellos pudiera denunciarme. Cuando me encontré fuera de los ojos del capataz, corrí hacia el bosque. En el monte comencé a caminar con cuidado. Me escapé temprano en la mañana y pronto llegó la noche. Estaba cansado, muy sediento, hambriento y llegué a la triste conclusión que estaba perdido. Lo lamenté. Para escapar debes saber dónde. No conocía la región y no sabía a dónde ir. Entonces ¿huir de qué? ¿Cómo podría escapar de mi color? Ser negro era ser un esclavo, en esta hacienda u otra, o en la ciudad.

Pasé la noche debajo de un árbol. Temprano en la mañana vi un pequeño arroyo que estaba en un lugar más abierto. Miré por todas partes, no vi a nadie, decidí beber agua. Salí del bosque y caminé hacia el arroyo. Me agaché para tomarlo y lo tomé con gusto. Cuando levanté la cabeza, estaba rodeado de un grupo de blancos. Reconocí, entre ellos, dos supervisores de la hacienda, los otros eran capitanes de la selva, personas que solo trabajaban para capturar a los esclavos escapados. Me estaban esperando allí, quizás ya acostumbrados a arrestar a los fugitivos cuando bebían agua, ya que era el único lugar donde había agua en el bosque.

– ¡Fue fácil agarrar a este imbécil!

– ¡Negro fugitivo! ¡Tendrá un buen castigo! – Comentó riendo

Me ataron el cuello con una cuerda, que era peor que una cadena, y me hicieron caminar. Me caí muchas veces, se rieron, burlándose y amenazándome con un castigo terrible. Pensé amargamente: ¿qué peor castigo podría tener? Humillado, atado, obligado a caminar con dificultad, fatigado y avergonzado por haber sido atrapado fácilmente y tener mis sueños de encontrar a los míos deshecho. ¿No era suficiente castigo?

Caí de nuevo, todo giró; ya no podía ver nada, sentía que tenía fiebre. Cuando volví de desmayarme, uno de los supervisores, con pena, me puso a lomos de su caballo. Pronto llegamos a la hacienda. Era casi de noche, el castigo debía dejarse para el día siguiente y frente a todos los esclavos de la hacienda.

Los esclavos hicieron sus comentarios, algunos pensaron que el castigo era correcto y merecido, era un fugitivo. Otros sintieron pena y pensaron que deberían tener una razón para huir. Pero el castigo debería ser un ejemplo para todos.

Me quitaron la soga del cuello, me ataron las manos en un rincón de la senzala. Tenía mucha sed y hambre. Estaba prohibido darme agua o comida. Pero, en medio de la noche, escondida, Tiago me dio agua, bebí con placer. Pasé esa noche desvariando, ahora parecía que me había escapado, ahora que recibía el castigo. Temprano en la mañana, me llevaron al tronco y frente a todos los negros en la hacienda comenzó el castigo.

Mis recuerdos se han desvanecido. Miré a los que me rodeaban. Había algunos negros curiosos, Tiago y algunos niños. Estaba en un rincón de la senzala, casi desierto en ese momento. Todos fueron a trabajar. Los negros que estaban allí estaban saliendo con el capataz a otro lugar y esperando ser llamados.

– ¡Eres más débil de lo que pareces! – Dijo uno de ellos.

– ¡Como estás herido! – Dijo otro mirándome bien.

– ¿Para qué huir? – Preguntó uno de los ancianos. No respondí, no tenía ganas de hablar. El viejo negro, Tiago, que me cuidó, dijo con lástima:

– Sé sabio, Bernardino. Nadie puede escapar de sí mismo, de su color. Aquí, como allá, somos cautivos. Nadie puede escapar de aquí. La hacienda está bien cuidada, rodeada de colinas y no hay agua fácil.

Un muchachito, que escuchaba atentamente, exclamó:

– ¿Por qué? ¿Por qué somos esclavos? ¡No es justo! Me horroriza ser un esclavo negro. ¡Ni siquiera puedo huir! ¿Por qué es todo esto?

Tiago respondió con calma, con una mirada tranquila:

– Algún día será diferente, los negros serán libres, pero creo que siempre habrá una distinción por color. Negro hoy, blanco mañana; los blancos de hoy pueden ser negros mañana. Es la ley.

– Tiago – respondió el chico – hablas tan extraño y con tanta certeza... Si muero y nazco como dices, blanco, y el capataz Juan, negro, entonces será mi turno de golpearlo.

– No, muchacho, no es así. Debemos perdonar a todos y a todos los males. Es por no perdonar que permanezcamos en este círculo vicioso y sufriente.

– Perdonar, no perdono. Mi padre murió y fue él quien lo mató. Ah, si nazco blanco en otra vida y él es negro, sufrirá en mis manos, incluso vengaré su golpiza, Bernardino. ¿Y tú, negro fugitivo, perdonas o no?

Luché por responder.

– Creo que merecía el castigo, fui un tonto por escapar sin un plan. No sé, no estoy enojado con nadie.

– Así es, Bernardino – dijo Tiago animándome –. Y tú, muchacho, no debes pensar eso. El odio es un mal compañero.

El chico se encogió de hombros y se fue. Tenía mucho dolor, pero escuché la conversación con interés. Lo que dijo Tiago no me pareció absurdo. Quería hablar, preguntar, pero me estaba ablandando. Para estar pasando por todo esto, fue porque debería haber sido malo en otras vidas. Es curioso que lo sintiera, estaba seguro de estas otras existencias. La medicina hizo efecto y me quedé dormido.

Desperté con Tiago mirándome preocupado. Pronto vino el hombre. Era un hombre viejo, pero fuerte y saludable. Me miró examinándome. Estaba acostado sobre mi estómago, sentí que todo giraba, me dolía la cabeza tanto como la espalda.

– ¡Contéstame, esclavo! ¿Puedes hablar? – Asentí con la cabeza.

– ¿Dónde estabas había esclavos enfermos de peste?

– Sin peste, pero enfermos sí. Muchos estaban enfermos.

– ¿Te enfermaste?

– Sí, pero sané pronto.

– ¡Qué barbaridad! – Exclamó el Siñó, indignado y enojado. ¡Vender esclavos enfermos!

– ¿Lo mato? – Preguntó un capataz.

Me estremecí, no quiero morir. Tiago vino en mi ayuda.

– No, Siñó, no tienes que matarlo, no. Yo lo cuido. ¿Yo puedo? Podré llevarte a la cabaña cerca del arroyo. La fiebre puede deberse solo a lesiones.

– Nadie tiene fiebre solo porque los golpearon. Pero también resultó herido en la fuga. No sé. ¡No me gustan los fugitivos! Pero... – Se pasó la mano por la barba y me miró de nuevo –. Está bien Tiago, tómalo y cuídalo, no dejes que nadie se acerque. Toma el tapete y todo lo que tocó.

– Gracias, señor – dijo Tiago –. Vamos, Bernardino, levántate, te ayudaré.

Tiago trató de cumplir las órdenes. Apenas podía caminar, fue él quien me arrastró a la cabaña del arroyo. No estaba lejos, pero a mí me parecía demasiado lejos. Cuando llegamos, estábamos sin aliento y sudorosos. Tiago me acomodó en la colchoneta, me sentí aliviado de estar acostado. La cabaña era pequeña, era un buen refugio. Tomé medicamentos y puso hierbas en mi espalda. Me sentí muy débil, la fiebre me hizo delirar; entonces sentí que todo giraba y grité, llamé a Mara y a mis hijos. Sufrí mucho dolor y debilidad, pero al tercer día me desperté mejor, no tenía fiebre. Tiago estaba a mi lado mirándome sonriendo y me dio agua fresca para beber.

— Bernardino, ¿cómo te sientes? ¿Estás mejor?

— Sí, me siento mejor, gracias. ¡Dios te bendiga! Si no fuera por ti... Creo que el Hombre me mandaría a matar. Y si no me hubiera cuidado, habría muerto.

— ¿Ves cómo casi te mueres? Primero, los capataces generalmente matan a los fugitivos y los traen muertos y a ti no te pasó eso. No moriste con el castigo, el Siñó no te mandó matar y pude ayudarte. ¿Viste cómo escapaste de la muerte? Esta vez no te quería y debe tener sus razones. No hay necesidad de agradecerme, siempre ayudo con placer. Me gusta ser útil, pero fue Dios el Padre quien nos ayudó. Tuviste mucha fiebre, pero lo peor ya pasó, pronto estarás bien. Yo soy el que cuida a todos los enfermos de por aquí, incluso a los de la casa grande. No tengo otro trabajo, Siñó me permitió cuidar a los enfermos.

— ¿Quién te enseñó? – pregunté interesado.

– He aprendido. En esta vida, como Tiago, recordé fácilmente algunas lecciones de mi abuelo. Las aprendí en otra vida, pero no las valoré. En esta, sí, hago lo que me compete con gusto.

– No tienes miedo de contraer mi enfermedad, la peste...

– No tuviste peste, solo estás enfermo de debilidad y anhelo. Tu enfermedad no le pegará a nadie. Eres fuerte, sanarás pronto. Entonces, hijo mío, no tengo miedo a la enfermedad ni a la muerte. La muerte me liberará de este cuerpo viejo y cansado; la enfermedad no atrapa a nadie que no esté inclinado a tenerla, ¿entiendes?

Sacudí mi cabeza y Tiago continuó aclarándome.

– Hijo, la enfermedad solo llega si crees que estás enfermo; es decir, la persona con predisposición a tenerla o un espíritu enfermo. Si tienes que sufrir una enfermedad, la tendrás, de lo contrario no la tendrás. No tengo tu enfermedad y tampoco morirás de ella.

– A veces pienso que sería mejor...

– Tonterías, encontrarías a su familia, te quedarías con ella y solo les harías daño.

– Dices que los encontraré si muero, pero los amo y no quiero dañarlos.

– Cuando las personas mueren sin comprender qué es la muerte del cuerpo físico, pueden estar cerca de las personas que amamos vivas en el cuerpo, molestándolas. Y entonces verás y ellos no te verán, porque serás un espíritu y pocos verán espíritus. Sufrirás mucho al verlos en dificultades y al no poder hacer nada por ellos.

– ¿Hay personas muertas que puedan ayudar? – pregunté curioso. Tiago respondió con gran paciencia.

– No se habla de muertos, están vivos sin el cuerpo de carne y hueso. Están desencarnados. Sí, los buenos, con comprensión, puede ayudar, sí, ya que los malos pueden maltratar. Desde que era niño, he escuchado a un buen espíritu que me habla sobre cómo tengo que ayudar a las personas. Me agrada mucho y yo le agrado a él. Somos compañeros trabajando juntos.

– ¿No le tienes miedo?

– Por supuesto que no, las buenas personas no tienen miedo. Debemos ser cautelosos con los malvados.

– Dijiste que nacimos muchas veces, ¿es verdad?

– Nuestro espíritu nace de nuevo en diferentes cuerpos que se forman en el útero de la mujer. Sí, reencarnamos muchas veces. Entonces, amigo, nada de lo que nos pasa es injusto. ¡Todo está bien!

– Ese negro dijo que iba a vengarse, ¿es posible?

– Sí, Dios nos ha dado libre albedrío. Está mal hacer mal, también está mal vengarse.

– Pero ¿quién es tan malo para hacer eso?

– Nadie. El mal se planta, se cosecha el sufrimiento. Sé nuestro ejemplo. ¿Qué hiciste mal en esta encarnación para sufrir así? Ciertamente estás cosechando de la mala plantación que plantaste en otra existencia. Vengarse también está muy mal, quien se venga planta el mal, sufren juntos y será responsable del mal que hace en venganza.

Los días pasaron, mejoré mucho, estaba caminando y me sentí bien. Tiago siempre me cuida bien. Me enseñó a rezar.

– Bernardino, ora como si hablaras con el Padre Celestial, dile lo que hay en tu corazón. ¡Esa es la oración!

En estos días hablamos mucho y Tiago me enseñó muchas cosas.

– Tú, hijo mío, tienes los dones para hacer lo que yo hago. Te enseñé a orar y espero que siempre lo hagas para tratar de ayudar a los demás. Si pasáramos más tiempo juntos, podría enseñarte lo que sé. Pero tendrás oportunidades para aprender, solo si quieres. Me admiras y me estás agradecido. Pero no puedes simplemente estar sorprendido, tenemos que seguir buenos ejemplos.

– ¿Qué será de mí, Tiago?

– Aun tendrás la relativa felicidad reservada para aquellos encarnados en esta Tierra. Volverás a encontrar a tu familia, tendrás muchos hijos, vivirás en una casa sencilla, pero buena. Encontrarás buenas personas, solo sé humilde. No todos los blancos son malos. No es el color lo que nos hace buenos o malos. Hay negros y blancos buenos y malos. Lo que somos es desde adentro, desde el espíritu.

Espero que aprendas a ser agradecido.

Al octavo día de madrugada, Tiago aun no había venido a verme, un capataz vino a recogerme.

– Siñó te ha vendido. Vamos pronto.

– Pero ¿por qué?

– No le gustan los fugitivos.

Me ató solo en las muñecas y una vez más me subí al carro.

Me fui sin despedirme de nadie, ni siquiera de mi amigo Tiago. Fuimos a la ciudad, solo yo y el capataz. Suspiré tristemente y no dije nada más.

3.- HACIENDA SANTA ANA

Durante el viaje, mi corazón se hundió, estaba aun más triste. De nuevo iba a un lugar desconocido. Lo que más me dolió fue no saber dónde estaba mi familia, me agonizó tanto que realmente me lastimó físicamente. Lloré hasta sollozar. El capataz que me llevaba no dijo nada. Al escuchar el llanto, ni siquiera me miró, me ignoró.

Llegué a la feria nuevamente. Esta vez ni siquiera tenía curiosidad. Estaba encadenado y me quedé callado donde me enviaron, con la cabeza gacha. Escuché que me compraron, pero ni siquiera miré quién lo hizo.

– ¡Ven negro! Vayamos a tu nuevo hogar – dijo mi comprador.

No contesté. Pensé que la palabra "hogar" era una ironía. Me metí en otro carro y nos fuimos.

Estuve en silencio con la cabeza gacha, ni miré el paisaje. Después de caminar algunas horas, que para mí fueron largas, llegamos. Casi me caigo del carro cuando bajé, me sentí mareado. Entonces, vieron sangre en mi camisa, era de las heridas mal curadas.

– ¡Este esclavo está herido! Chico llévalo al cobertizo y pídele a la madre Benta que lo cuide – gritó el capataz que me compró y me trajo.

El hombre blanco, que respondió por el nombre de Chico, y otros dos negros, me ayudaron y me llevaron al cobertizo grande y cómodo.

– Siéntate aquí – dijo Chico. Me desataron las muñecas y me quitaron las cadenas de los pies.

– ¿Quieres agua? – Preguntó un negro.

– Sí – respondí –, tengo sed.

Pronto llegó una anciana negra de aspecto amable y agradable, me ayudó a quitarme la camisa y comenzó a examinar mis heridas.

– No es nada serio. Estabas bien medicado. Quien te cuidó lo hizo con cariño. Quizás el viaje hizo sangrar las heridas. ¡Tomaste muchos latigazos! ¿Por qué este castigo tan feo y cruel?

– Por malicia, por malicia – respondí prefiriendo mentir; a nadie le gustaban los fugitivos.

– ¿Solo por despecho? ¿Está seguro? ¡Es extraño! Siento que no eres malo. Pero si es así, te venderán nuevamente.

Me dio medicina, hierbas en mis heridas.

– Ahora te sientes así, muy cómodo, no cruces las piernas o las manos. Te bendeciré ¿Te gustaría? Piensa en el Padre en el cielo.

Puso sus manos sobre mi cabeza y a veces bajaba por el cuerpo, rezando en silencio.

–. Me sentí mucho mejor.

– Ahora come que debes tener hambre y luego descansa.

Estaba realmente hambriento y cansado. Me sentí renovado por la comida, ya que estuve casi dos días sin comida, me acosté en una estera que estaba indicada y me quedé dormido. Acabé despertándome al otro día con la madre Benta llamándome.

– ¡Despierta, negro! ¡Despierta! Ya dormiste demasiado. ¿Cómo te llamas? ¡Todavía estás muy herido!

– Yo llamo Bernardino.

– Bueno, te cuidaré y estarás como nuevo, nuevecito...

Tristemente abatido, evité hablar, pero Madre Benta habló por los dos.

– Juan te compró, fue a la feria solo para ver el movimiento, para salir a caminar. Te vio, sintió pena y te compró. A nuestra Siñá no le gusta la feria o la compra y venta de esclavos, pero no creía que fuera malo con Juan. Casi no está enojada con nadie. Nuestra Siñá es buena.

Un negro viejo, un esclavo muy viejo, entró al cobertizo, curioso, mirándome.

– Este es Tomás, vino a verte – dijo la madre Benta.

– ¿Cómo estás, hijo?

– Ahora bien.

Solo respondí lo que era necesario y cuando se me preguntó. Pero a los dos amigos les gustaba hablar, hablaban entre ellos; solo escuché, sin prestar mucha atención.

Tomás venía a verme siempre, hablaba con gran amor sobre la hacienda, sus hijos y nietos. Un día pregunté:

– Tomás, ¿has oído hablar de la Hacienda Santa Clara?

– No. No está en esta región, de lo contrario lo sabría.

Me di cuenta que me estaba mudando cada vez más lejos de mi antiguo hogar, Mara y mis hijos.

– ¿Dónde estoy? ¿Cómo llamas a esta hacienda?

– Hacienda Santa Ana. Un pedazo de cielo en la Tierra – respondió Tomás con orgullo.

El cobertizo estaba abierto, no salí de allí. Pero pude ver desde donde estaba que, de hecho, la hacienda era muy hermosa, era bastante grande. También vi la casa grande desde allí. Era hermosa, rodeado de jardines, en la parte trasera un gran huerto y en el lado izquierdo, detrás del cobertizo, unas treinta casas bien hechas, rodeadas de huertos, árboles y flores.

– ¿Qué casas son esas? – le pregunté a Tomás curioso.

– Son casas de esclavos. Aquí no hay cuartos de esclavos, cada familia vive en una casa.

– ¡Que raro!

– ¿Por qué? ¿Nunca has visto esto? Aquí, hijo mío, es el paraíso de los esclavos. Nos tratan muy bien.

No sabía quién era mi dueño y ni siquiera me interesaba saberlo. Estaba nostálgico y triste, pero admiraba esa hacienda, donde no había troncos, picota y los esclavos vivían en las casas con sus familias. El domingo no trabajaban y los esclavos siempre estaban felices, bailaban y cantaban todas las noches en el patio delantero de las casas. Solo había tres empleados blancos en la hacienda, Juan, Chico y Pedro. Me sorprendió ver que los esclavos iban solos a los campos, a trabajar, nadie los estaba mirando. No estaba atado, ni estaba siendo observado. Aunque todo parecía ser paz en esa hacienda, comencé a pensar nuevamente en huir.

Pasaron cinco días y ya estaba recuperado. Sentía que estaba bien para trabajar, pero nadie me dijo que hiciera nada.

La necesidad de huir se hizo más y más fuerte, decidí que sería esa noche. Tal vez, pensé, tendría mejor suerte esta vez. Me acordé de mi amigo Tiago y sus predicciones. Dije convencido que iba a encontrar a mi familia y quedarme con ella. Tenía que intentarlo. Pensé que iba a ser muy fácil escapar, no vi a nadie mirando, no estaba atado ni bloqueado. Esperaba con ansias la tarde. Tomás vino a traerme la cena, comí rápido. Cuando se fue con el plato, lentamente salí del cobertizo. Me di cuenta, si alguien me vio, que estaba caminando un poco. Con un corazón palpitante, ansioso, con algo de miedo, comencé a caminar hacia la puerta.

Nadie me vio En cuestión de minutos llegué a la frontera de la hacienda, abrí la puerta, pasé y corrí.

Seguí el camino, asustado, temeroso de cada ruido, no sabía a dónde iba. Caminé toda la noche. Por la mañana, tuve que dejar el camino y adentrarme en el monte.

En el monte pasé hambre, sed, hasta que encontré un pequeño chorro de agua y lo rodeé. El monte era grueso y me perdí. Llegó la noche y dormí bajo los árboles, siempre asustado y angustiado, sorprendido por cualquier ruido.

Aclarando, comencé a caminar siguiendo el chorro de agua; pronto vi una hacienda en la distancia. Regresé al monte. Decidí encontrar el camino y caminar por él. Caminar de noche y esconderse durante el día. Solo comí algunas frutas que encontré en el monte, tenía hambre y estaba muy cansado.

Trepando a los árboles intenté encontrar el camino. Solo por la tarde lo encontré y esperé a que oscureciera antes de caminar. Mientras esperaba, oí ladrar a los perros. Me subí a un gran árbol e intenté esconderme. Estaba muy asustado.

Pronto los perros me encontraron y comenzaron a ladrar debajo del árbol en el que estaba.

– ¡Encontramos al maldito! – Gritó uno de los hombres. ¡El negro fugitivo debe estar aquí!

Me vieron

– ¡Abajo, de lo contrario dispararé!

No tuve elección y bajé, los perros avanzaron hacia mí, sentí sus mordiscos en mis piernas. Los dos hombres, riendo, apartaron a los perros. Me examinaron.

– Pero mira esto, Lourenço, estamos de suerte, es un fugitivo, pero no es nuestro. ¿Quién eres tú? – Preguntó, y sin esperar respuesta me golpeó en la cara y los brazos. Después de cinco latigazos, que me hicieron sangrar, se me acercaron.

– ¿Quién eres tú? ¿A quién le pertenece?

– Soy Bernardino, soy de la hacienda de Santa Ana – respondí.

Afortunadamente, estaban contentos, porque eso era todo lo que sabía. No sabía a quién pertenecía, nunca había visto a mi dueño o ama. No prestó atención a las conversaciones de Tomás con la madre Benta. Y dijeron solo Siñá, Siñá...

– ¡Hacienda Santa Ana! – Ambos se rieron – ¡Qué belleza! ¡Es de la solterona Castro! ¿Quién diría que un negro huiría de allí?

– Llevémoslo y veamos la cara de la beata. ¡Un negro suyo se escapó, señora!

Me ataron muy bien en un árbol y dejándome solo fueron tras el otro negro. Me dolía todo el cuerpo, me dolían las cuerdas, estaba atado de tal manera que ni siquiera podía moverme. Pasé la noche en agonía. Tan pronto como amaneció, los dos capitanes de la selva llegaron con el otro negro que, como yo, estaba herido y asustado. Me desató del árbol y me ató al lado de otro negro. Los dos se burlaron y se rieron alegremente de su captura, deleitándose con la recompensa que recibirían.

Pronto llegamos a la carretera y caminamos por ella. Caminando los dos y los capitanes del bosque a caballo, fuimos despacio, sin prisa. El otro hombre negro y yo, compañeros de desgracia, caminamos con dificultades, callados, tristes y pensativos.

No pasó mucho tiempo antes de llegar a una hacienda y el otro negro fue entregado. Seguimos caminando y, por lo que escuché, nos dirigimos a la ciudad. Después de aproximadamente dos horas, llegamos a un pequeño pueblo.

– La solterona de Castro está en la casa de su hermano pasando las vacaciones. Vamos a entregar el fugitivo – dijo uno de ellos, deleitándose con la hazaña.

Estaba sucio, herido, sediento, hambriento y cansado, caminaba con aun más dificultades. Los dos orgullosos respondieron a todas las personas curiosas que se detuvieron a verme:

– ¡Es un esclavo fugitivo de los Castro!

– Es un fugitivo de doña Ambrozina!

Todos estaban asombrados de querer saber más sobre los detalles, que no se dieron. Se formó una pequeña multitud cuando llegamos frente a una hermosa y gran casa. Aplaudieron y una negra vino a contestar.

– Negra, llámame a la señorita Castro. Dile que el capitán de la selva Lourenço quiere hablar con ella.

Bajé la cabeza aun más, sentí dolor físico y moral. De nuevo no pude escapar. Tiago se había equivocado, no me uní a los míos, no los encontré y me resultaba cada vez más difícil estar con ellos de nuevo. Todos los que estaban reunidos allí estaban en silencio, esperando el resultado. Escuché pasos y saludos, no levanté la vista y tampoco a nadie. Escuché a la señorita Castro responder con desprecio al saludo de los capitanes. Pero uno de ellos habló con orgullo en voz alta:

– Aquí está tu negro fugitivo. Vinimos a entregar y recibir la recompensa.

– Llama a Chico, negra Lusi – dijo la señora. Pronto vi a Chico mirándome.

– ¿Este hombre es nuestro? Preguntó ella.

– Sí, señora.

– Llévalo a la parte de atrás y mañana a la hacienda. Hizo una pausa y agregó:

– ¿Cuánto te debo?

No escuché la negociación. Chico me llevó a la parte de atrás, me desató y me dio agua. Tenía sed y la tomé con prisa. También me dio comida.

– Deberías estar muy callado aquí y como estás. No podrás bañarte y no nos ocuparemos de tus lesiones aquí. Ve a dormir en el piso. Eres desagradecido y malo, hiciste pasar vergüenza a la Siñá. Nunca antes un esclavo de los Castro huyó. ¿No viste la multitud que se formó? Todos lo saben ahora. ¡Y no huyas más! Si huyes, enviaré a los dos capitanes detrás de ti. No se pierden fugitivos en estos lados. Mañana por la mañana, volveremos a la hacienda. Te llevaré y por esto me harás perder las fiestas.

Me dejó desatado, estaba solo en una habitación al final del patio. Comí e intenté dormir. Era fácil salir, pero ya no pensaba en huir, al menos en ese momento. Temía el castigo, todavía me dolía la espalda, ahora tenía más heridas por los latigazos de los capitanes y las mordeduras de los perros. ¿Seré castigado? – Pensé angustiado.

Al otro día, me sorprendí cuando Chico vino a buscarme y no me ató, me ordenó montar a caballo y nos fuimos. No me habló, viajamos en silencio. Después de dos horas de marcha lenta, llegamos. Fui observado por todos en la hacienda, parecía que todos, incluso los negros, desaprobaban mi fuga. Pero suspiré de alivio cuando escuché que Chico daba las órdenes:

– Llévelo al cobertizo, que se bañe y la madre Benta sanará sus heridas.

Pensé aliviado que por ahora no me iban a castigar. Me ayudaron a bajar del caballo y me llevaron al cobertizo. Me di una ducha y la madre Benta me preparó vendajes.

– Por primera vez, no siento lástima por un negro herido. Estaba muy bien aquí. ¿Por qué huir? ¿Te gustó lo que te hicieron?

Ni a ella ni a Tomás les gustó que me escapara. Después de medicarme, madre Benta me miró bien y dijo enojada:

— ¡No deberías haber hecho esto, chico! Si Siñá decide castigarlo, verá solo una cosa. Ella está en la ciudad, solo viene pasado mañana. Ahora serás vigilado.

No estaba de humor para correr ni nada. Yo estaba tranquilo. Madre Benta se ocupó de mis heridas, me dio comida, pero ni ella ni Tomás me hablaron más como lo hicieron la otra vez. Mejoré, los dolores se calmaron, pero esperé con miedo el regreso de la vieja solterona cuyos capitanes se rieron haciendo bromas.

El segundo día, por la tarde, vi a través de la rendija de la puerta (porque ahora estaba encerrado en el cobertizo) un carro muy hermoso que llegaba.

Pero fue solo el otro día, después del almuerzo, que Chico y Tomás vinieron a recogerme. Tomás ya no trabajaba, dijo que estaba retirado. Pero no fue por nada, caminaba por toda la hacienda, a veces haciendo un trabajo ligero, ahora paseando. Pero él sabía todo lo que sucedía en las tierras de Santa Ana.

— Vamos, Bernardino, Siñá te está esperando. Quiere conversar. ¡Presta atención, negro fugitivo, si intentas hacer algo contra Siñá, lo verás! ¡Respeta a doña Ambrozina! – Dijo Chico con una cara brava.

No respondí nada, pero pensé que no estaba armado, le valía por dos de él y Tomás era viejo y débil. Había dos en mi contra con una gran desventaja para ellos. Los seguí obedientemente. Entramos al jardín de la casa grande y nos detuvimos en el porche.

Bajé la cabeza, había aprendido que un esclavo no podía ser valiente y orgulloso, la humildad era la mejor manera de tratar con los blancos. Vi a la Siñá sentada, bordando. Esperé en silencio a que ella hablara.

– ¿Por qué escapaste, esclavo?

No dije nada, quería gritar. ¡Ser libre! ¿No era esa una razón suficiente? ¡Ser libre! Pero Siñá insistió:

– ¿Por qué escapaste? ¡Quiero saber!

– Ser esclavo no es bueno – respondí, bajando la cabeza –. Ser negro es aun peor. Nadie me preguntó si quería venir aquí. Soy un desgraciado, un...

– Ram... Ram... –. dijo Chico, que estaba sentado en el corral, mirándome de cerca. Dejé de hablar. Siñá dijo cortésmente:

– No tenemos la culpa. ¿Te repugna ser un esclavo? ¿Es por eso que escapaste?

Tenía muchas ganas de responder. Entonces, ¿no es motivo de revuelta ser esclavo? Quería preguntar. ¿Ya era esclavo Siñá? Entonces recordé las recomendaciones de Tiago. ¡Sé humilde, Bernardino! Encontrarás buenas personas en tu vida que pueden ayudarte. Sentí una gran tristeza y suspiré. Mientras pensaba, se hizo el silencio. Estaba reacio ¿Por qué no contar todo? ¿Por qué no hablar de mi vida? ¿La razón que me llevó a escapar, de manera sincera? Era la primera vez que un hombre blanco estaba interesado en mí y quería saber el motivo de la revuelta en lugar de castigarme por fugarme. Hablé con calma y humildad.

– Disculpe... Siñá no tiene la culpa. Nací en África, fui feliz, tuve un padre y una madre, una familia. Vivió libre a través de los campos y bosques.

La gente blanca vino, mató, encarceló y me trajo a Brasil.

– ¡Aun eres joven! Este comercio ha sido prohibido hace mucho tiempo. ¡Qué desalmados! Escuché comentarios que aun hacen este intercambio aun estando prohibido. ¡Qué maldad! – Exclamó Siñá indignada –. Pero sigue adelante.

– Aquí en Brasil me subastaron y me fui a vivir a una hacienda –. Continué –. Siempre fui un trabajador, un buen esclavo, nunca me habían castigado. El Siñó murió. El Señoziño comenzó a apostar, hizo deudas, vendió muchas cosas y, entre estas cosas, estaba yo. Dejé a mi esposa, mi dulce Mara y mis dos hijos allí.

Sollocé, ya no me importaba llorar delante de ellos. Cuando dejé de llorar, hablé sobre mis aventuras en las otras haciendas, dije todo sin omitir nada y terminé:

– Fue para encontrarlos que escapé...

Lloré de nuevo, nadie dijo nada, hubo un gran silencio. Cuando dejé de llorar, me sentí bien y tranquilo. Siñá preguntó:

– ¿Dónde está esta hacienda? ¿Cómo se llama?

Levanté la cabeza y miré a mi dueño, que había dejado de bordar y me miraba piadosamente. Pensé que era vieja, pero me encontré con una mujer de unos treinta años. Era delgada, vestía elegantemente, cabello negro recogido en un moño. Los amables ojos marrones se destacaron.

– No sé dónde está, señora. Se llama Hacienda Santa Clara.

– Escuché esta historia en la ciudad, doña Ambrozina – dijo Chico, hablando por primera vez.

– ¿Sabes dónde queda? – Preguntó Siñá.

– Más o menos, pero puedo preguntar.

– Chico, quiero que vayas mañana por la mañana con Pedro a esta hacienda y compres a su familia. Bernardino, da todos los datos que conoces sobre la hacienda y los tuyos a Chico, para que pueda traer a tu familia. Ahora puedes irte. Tú, Chico, ven y arregla los detalles conmigo más tarde.

– Sí, Siñá – respondió Chico contento.

Doña Ambrozina se levantó y entró en la casa. Mi corazón estaba latiendo. No podía creer lo que escuché. Los dos me miraron amablemente. Tomás me abrazó.

– Has sufrido mucho, pero aquí serás feliz.

Le di todos los datos a Chico y volví al cobertizo que ya no estaba cerrado. Estaba incrédulo, pero esperanzado. Cuando madre Benta vino a traer mi cena, ya conocía mi historia, como todos en la hacienda. Pregunté curioso:

– Santa Madre, ¿es realmente cierto? ¿Siñá los comprará a todos ellos?

– Confía, hombre de Dios. Por supuesto, Siñá es así, demasiado buena. Si dijo que iba, es porque va. Y Pedro es inteligente, los dos sabrán cómo encontrarlos y traerlos aquí.

Pasé la noche entre ansioso y esperanzado. Temprano en la mañana, vi salir a Chico y Pedro y comenzó la ansiosa espera.

4.– <u>ETERNAMENTE</u>
<u>AGRADECIDO</u>

¡Cómo esperar fue angustiante! Tomás y la madre Benta, como los otros esclavos, me animaron. Todos ahora insistían en hablar conmigo y decir palabras de esperanza. Ahora, me gustaba hablar, responder preguntas. Les dije que no sé cuántas veces mi historia y siempre terminaba llorando. Temía el regreso de los dos empleados sin ellos. Las horas no pasaron y la espera no fue fácil. Madre Benta hasta ella me recomendó:

– Cálmate, hombre. De lo contrario, tu Mara te encontrará enfermo.

– ¿Los encontrarán? – Pregunté angustiado.

– Ore y pídale al Padre Celestial que encuentre, compre y vuelvan a estar juntos. ¿Sabes rezar?

– Lo sé – respondí, y recordé a Tiago –. Mi amigo dijo que reuniría a mi familia, tal vez tenía razón – le dije a la madre Benta –. Voy a rezar. Pero reza, madre Benta, por todos nosotros también.

– Allí lo hice y haré un poco de trabajo nuevamente para abrir los caminos para que Chico y Pedro regresen con ellos.

– Gracias, madre Benta, ¡eres tan buena!

– Buena, aquí es solo Siñá, pero trato de ayudar a todos, es mi obligación. Todo lo que está haciendo Siñá cuesta mucho dinero. Primero Juan te compró, pero ella pagó. Dio una gran recompensa a los capitanes de la selva, pagó tu viaje y todavía comprará a tu familia. Todo esto sin la necesidad de esclavos.

– Es verdad, madre Benta. Le estoy agradecido y sabré cómo estar eternamente agradecido.

– Para siempre es mucho tiempo. Mientras los dos estén vivos, es suficiente.

– ¿De verdad crees que, en esta vida, ella Siñá, yo un esclavo, puedo ayudarla? – Pregunté admirado.

– Quien sabe. Incluso si no tienes oportunidades de hacerle el bien, solo la voluntad es suficiente.

Ni siquiera dormí bien, recé mucho. Incluso soñé. A veces con Mara y los niños regresando, a veces solo ellos dos regresando.

Al día siguiente, antes del almuerzo, un desastre. Salí del cobertizo para ver. Había una mujer negra llorando y un negro que se iba a ir. El negro se despidió de su madre y tomó el camino. Yo estaba a pie. Pronto los pocos esclavos que presenciaban regresaron al trabajo. La negra que lloraba fue a su casa. Cuando madre Benta vino a traer el almuerzo, pregunté curioso qué había pasado.

– El negro Toño fue castigado, la madre María lloró, pobrecita. Toño también ha sido advertido muchas veces, es un callejero y pendenciero. Esta mañana, aprovechando la ausencia de Chico y Pedro, trató de atacar a la pobre Anita. Siñá estaba enfadada, esto no lo permite. Ella le dio la carta de libertad.

– ¿Castigar con la carta de manumisión? – pregunté asustado e incrédulo.

– ¿Por qué te asustas? Si has estado cerca, no es para asustarte. El negro tiene poco valor en esta tierra. ¿Qué piensas? No es porque es libre que deja de ser negro. Toño para comer, para vestirse, tendrá que trabajar, algo que no le gusta hacer. Ahora te pregunto, ¿quién le dará trabajo? Nadie. Todos prefieren esclavos y no empleados negros, el empleo es solo para blancos.

Entonces, para comer tendrás que suplicar, nadie alimentará a un joven negro fuerte.

Toño tendrá una vida difícil, pobre hombre. Será expulsado como un perro con una plaga. Esto es si no robas y vas a prisión.

Madre Benta tenía razón. Toño no tendría una vida fácil. Él sabía de haciendas donde los amos liberaron a sus esclavos y se quedaron con ellos como empleados, sin hacer gran diferencia. En cuanto al empleo de negros, podría ser que en las ciudades más grandes lo hicieran, pero en las haciendas era difícil. Si podrían tener esclavos, ¿por qué contratarlos?

Traté de caminar por la hacienda, sus huertos estaban surtidos con muchas frutas que los esclavos podían comer a voluntad. Traté de hablar con Tomás, la madre Benta y otros esclavos para distraerme y reducir la tensión. La espera me agonizó, no pude comer ni dormir bien. Por la noche, me asustaba cualquier ruido. Durante el día comencé a mirar el camino.

Al tercer día de espera en la tarde, estaba en la puerta del cobertizo.

Veía a doña Ambrozina. Me gustaba mirarla, estaba distraída y tranquila. Cuando María, una niña negra que acompañaba a Siñá a todas partes, gritó:

– ¡Bernardino! ¡Bernardino! ¡Allí vienen!

Corrí, miré el camino y estaban Pedro y Chico cada uno en un caballo, Mara y los niños en otro caballo. Mi corazón se aceleró. Salté de felicidad y las lágrimas corrían por mi rostro. Pero no corrí hacia ellos. Entré en la veranda, me arrodillé a los pies de Siñá y dije emocionado:

– ¡Siñá, te estaré por siempre agradecido, por siempre tu esclavo!

Ni siquiera esperé a que contestara, salí corriendo gritando con los brazos abiertos y fui con gran felicidad a encontrarme con Mara y los niños. Nos abrazamos, besamos y lloramos. La emoción bañó a todos. Los que regresaron de los campos vinieron a recibir a Mara.

Madre Benta hizo arreglos para que Mara y los niños se bañaran, alimentaran y enderezaran las camas en el cobertizo.

– Te quedarás aquí hasta que Siñá encuentre un lugar para que te quedes.

Después de comer, todos querían venir y hablar con la nueva familia en la hacienda. El cobertizo estaba lleno de esclavos.

Todos salían de noche, los niños cansados dormían. Abracé a Mara y luego noté que estaba embarazada.

– ¡Pero ¿cómo?! La miré con asombro. Había pasado un año desde que se fue. Mara lloró suavemente.

– Bernardino, no te traicioné. Te amo tanto. Si tu vida en este momento era mala, la mía también. Estaba desesperado cuando me dijeron que me habían vendido con los otros esclavos.

Te extrañé mucho. Los otros compañeros y yo lloramos desesperados. En los días que siguieron, se vendieron más esclavos. Las mujeres negras y los niños mayores se comenzaron a vender. La desesperación fue general. Sin saber de ti, dónde estabas, agonizante. La hacienda estaba en manos de empleados y convertido en un desastre. Januário, ese asqueroso capataz, comenzó a burlarse de mí. Amenazado de vender a mis hijos si no me entregara a él ¿Qué podía hacer?

Dime Bernardino. Estaba en sus manos y me tendría de todos modos.

Abracé a Mara y lloramos juntos. Ella continuó hablando. La hacienda fue vendida, el nuevo dueño, un buen hombre, puso orden. Januário fue despedido. Al necesitar esclavos para trabajar en la hacienda, se compadeció de nosotros y envió a sus empleados a comprar los esclavos vendidos. Te extrañé tanto, lloré mucho de nostalgia. Cada grupo que llegó se entristeció al ver que no habías venido. Muchos han regresado, pero no todos. Los que volvieron no sabían de ti. Incluso pensé que estabas muerto. Qué terrible no saber a quién amamos. Ya había perdido la esperanza, ya que Siñó suspendió las compras, cuando Siñó me llamó y me dijo: "Mara, estos caballeros vinieron a comprarte a ti y a tus hijos, dicen que tienen a tu esposo. ¿Quieres ir?"

Estaba muy asustada. Si saliera de la hacienda, podría no encontrarte nunca más, pero podría ser cierto y me atreví a preguntar:

"¿Cómo se llama este esclavo?"

"Bernardino, es un negro alto y fuerte con una gran mancha en la frente." "Es él, sí. Si el señor lo permite, quiero ir."

Empaqué mis pocas cosas en un instante y me fui con suerte. Chico y Pedro me trataron bien y se ve muy bien aquí.

Estaba enojado con Januário, pero no podía arruinar ese momento de agradecimiento a Dios con rencor. Levanté la cabeza de Mara, que la había bajado avergonzada.

– Mara, no te avergüences. No tenías la culpa. En cuanto a la criatura, ya me gusta. ¡Es mi hijo! Mara, si es tuyo, es mío. He estado aquí por más de un mes. Nadie sabe cuánto tiempo hemos estado separados. Gracias a Dios, nadie preguntó el tiempo. Si preguntaran, solo fueron meses.

Tú sufriste, yo sufrí, ahora los cuatro estamos juntos y seremos felices aquí. Todos los esclavos aquí también son felices. Este niño no tiene la culpa, él es nuestro hijo.

Nos abrazamos con emoción.

Al día siguiente, me sentí como otro hombre, estaba dispuesto, feliz y, desde el principio, le pregunté a Chico:

– Sr. Chico, quiero trabajar.

– ¿Qué puedes hacer? ¿Sabes cómo cuidar a los animales?

– Lo sé – respondí felizmente.

– Luego vas a trabajar en el establo.

Mara fue a trabajar a la cocina de la casa grande. La esclava embarazada no hacía trabajo de hacienda. Los niños se quedaron en el patio, en el huerto o en el sótano de la casa grande, donde jugaban y realizaban pequeñas tareas.

Pasó una semana, nos adaptamos, todos éramos felices allí. Hice mi trabajo con mucho cuidado y esmero y Chico me elogió. Una tarde, Mara me contó sobre los eventos en Hacienda Santa Clara.

– Tan pronto como se fueron, Jeremías comenzó a aparecer en la hacienda con asombro. Muchos lo vieron con una soga alrededor del cuello, sofocado, gimiendo y maldiciendo. Luego comenzaron a verlo solo cerca de Siñó. Este jefe nuestro comenzó a sentirse mal, a tener dificultad para respirar al golpearse la cabeza contra la pared. Cuando Siñó vendió la hacienda y se fue, el fantasma de Jeremias se despidió de todos con su mano y se fue con Siñó. Cuando llegaron los esclavos recomprados, dos que se quedaron con Jeremías dijeron que él, lo antes posible, intentó escapar. Capturado, recibió mucho en el tronco; al ver que era imposible escapar, se suicidó ahorcándose en la senzala.

– Cuando Jeremías estaba conmigo en el carro, cuando nos fuimos, hizo una promesa de venganza. Él cumplió lo que prometió.

– Esto es lo que nos dijo el padre Manolo. Que prometió vengarse y aparentemente lo estaba haciendo.

– Solo él sufrió y, al parecer, mucho. No es agradable sentir la muerte, el dolor de los últimos momentos, como él. Si a otros se les aparecía ahorcado, era porque debía haberse sentido así. La venganza no trae felicidad. Sufres para hacerte sufrir. Si hubiera esperado, regresaría con los demás. Se apresuró, pobrecito. Todos los momentos difíciles pasan, solo es saber esperar, ser paciente. Espero que Jeremías perdone para que se recupere. Quien se suicida sufre mucho, este acto cobarde nunca debe hacerse.

El viejo Tomás fue encontrado muerto en su choza por la mañana. La hacienda se detuvo. Solo se realizó el servicio que no se pudo posponer. Todos lloraron, incluso yo, que tuve poco contacto con él, sentí. Todos los residentes de la hacienda fueron al funeral. Incluso Siñá fue y lloró, para mi sorpresa.

Madre Benta estaba muy triste, por la noche fue a visitarnos al cobertizo.

– ¿Estás triste porque murió? Eran amigos, ¿no? – Le preguntó Mara a ella.

– No es por su muerte que estoy triste. Se debe a la ausencia física. Somos, siempre seremos amigos. No es porque murió porque dejaremos de ser amigos. Los sentimientos continúan, después que la muerte nos lleva a vivir en otro plano.

– Siñá también estaba triste – dijo.

– Le tenía mucho cariño a Tomás, que era esclavo de su padre.

– ¿Seremos esclavos después de morir? ¿Estamos separados por el color del otro lado? – Preguntó Mara, curiosa.

– No, somos esclavos, por color y solo tenemos aquí en la Tierra por este motivo. Porque, mis amigos, también hay esclavos en el Plano Espiritual inferior, pero están los malos que tienen este castigo. Por otro lado, los buenos y los malos están separados, independientemente de si son blancos o negros. Muchos blancos orgullosos se sorprenderán al ver el lugar destacado que Tomás tendrá allí.

– ¿Se volverá blanco? – Yo pregunté.

– No, el color no importa, no le importaba este hecho. Madre Benta se fue y Mara comentó:

– Tomás debe haber sido bueno. Cuando una buena persona muere, todos la extrañan. Cuando los malos mueren, se alivian. Que Dios lo tenga en su gloria.

– ¡Amén! – Respondí sinceramente.

Otro día, Chico me dio la orden:

– Doña Ambrozina pidió que fueras a limpiar la casa que pertenecía a Tomás, para arreglar lo que estaba dañado y puedas vivir allí con tu familia.

– ¿Vivir en una casa? ¡Qué bien!

– ¡Cómo lo soñé! – dijo Mara sonriendo –. ¡Bernardino, estamos en una casita! ¡Que felicidad! Haremos todo lo posible para estar siempre aquí.

Dos días después, estábamos en nuestra pequeña casa. Estábamos bien instalados, había dos dormitorios, una sala de estar y una cocina. Estábamos felices, alegres, nos hicimos amigos de todos en la hacienda.

En el momento adecuado, Mara tuvo el hijo, era una hermosa mulata clarita. Si alguien sospechaba algo, no dijo nada. Quizás algunos tenían dudas, pero yo era un mulato y los niños dijeron que se parecía a mí. Amaba a la niña como si fuera mía. Y nunca la traté de manera diferente, como nunca le dijimos a nadie. El secreto era solo mío y de Mara.

Todos los esclavos fueron bautizados en la hacienda de Santa Ana. Tan pronto como llegamos, el sacerdote que visitaba la hacienda nos bautizó. Todos tenían un hijo cuya madrina era ella. Decidimos invitarla a bautizar a la niña. Avergonzados, Mara y yo fuimos al balcón y la invitamos.

– Acepto – dijo Siñá alegremente – seré la madrina de la niña. ¿Ya tienes un nombre? Mara negó con la cabeza.

– ¿Por qué no pones el nombre de Maraína? Es el nombre de la madre y un pedazo mío.

– Gracias Siñá, gracias. La niña se llamará a Maraína – dijo feliz.

El tiempo pasaba. Yo trabajo con animales. Mara en la cocina de la casa grande. Nacieron otros niños. Estábamos contentos con la vida sencilla, sin problemas, entre los amigos de la hacienda. Trabajé con mucho gusto. La gratitud por Siñá no estaba en palabras. Estaba agradecido, profundamente agradecido. Y con el tiempo aprendí a respetarla y amarla como una madre amable. Se lo debía todo, nuestra felicidad y tranquilidad.

5.– EL PRETENDIENTE

La hacienda de Santa Ana estaba rodeada por la de los familiares de doña Ambrozina, menos a un lado, a la derecha de la casa grande. El límite estaba lejos de la sede. Ahora, todos los esclavos allí fueron tratados bien, pero dicen que no siempre fue así. Había un alma en pena en esta hacienda. Era un viejo señor de esclavos que había sido muy malo. Su presencia no era agradable.

Ciertamente, no todos lo vieron. Muchos hombres de la hacienda ya habían ido a verlo, y muchos, los más valientes, siempre iban. Cuando nos enteramos de esta historia, Mara, curiosa y temerosa, le preguntó a la madre Benta:

– ¿Por qué no todos los que van allí lo ven? – Mara se refirió al lugar donde apareció el fantasma, en las ruinas de la antigua sede. Madre Benta como siempre respondió amablemente:

– Para verlo, es necesario tener un don[1] especial. Pero la visión es tan fuerte que solo un poco de este don es suficiente para verlo. Muchos lo han visto.

– ¿Por qué se aparece? – Preguntó Mara.

– Debido a que el espíritu de este viejo está allí, vive en las ruinas. Hay muchos fluidos favorables, la naturaleza que facilita su aparición. También porque un espíritu que ha dedicado mucho a la materia, a ella se encuentra atrapado.

– ¿Se presenta solo de noche? – Yo pregunté.

– Aquí en la hacienda solo lo ven de noche. Las apariciones generalmente se hacen más por la noche. Y muchos de los que van a verlo son médiums; el espíritu usa estos fluidos de mediumnidad para hacerse visible.

– ¿Por qué se convirtió en un fantasma? – Preguntó Mara.

– Este hombre cometió muchos males y vagó por la vieja hacienda sin descansar.

– ¿Sufre? – Pregunté.

– Por supuesto. Todos los que mueren quieren estar en buenos lugares. Pero estos lugares

---

[1]N.A.E. Ser médium, tener cierta sensibilidad.

maravillosos son para quienes se lo han ganado y no para quienes lo desean. Este espíritu sufre mucho por el reflejo de sus males.

Seis compañeros decidieron ir a otra hacienda el viernes para tratar de verlo. Muchos ya habían ido varias veces, siempre yendo como si fueran a ver un espectáculo. Me invitaron, dudé, luego terminé aceptándolo por curiosidad. Nos fuimos poco después del anochecer. Caminamos al lugar donde dijeron que apareció, comentando, en el camino, las hazañas de este antiguo señor de esclavos.

– Dicen que marcaba a sus esclavos con un hierro caliente. Todos vivían en la senzala encerrados y solo salían a trabajar al campo y con cadenas alrededor de los tobillos – dijo uno de los compañeros.

– Dicen que todas las esclavas vírgenes eran suyas; las tenía cuando las niñas tenían entre trece y catorce años. Y si alguna quedaba embarazada, mataba a los bebés cuando nacieran. Trataba a los esclavos muy mal, por cualquier razón los ponía en el tronco. Muchos murieron con sus castigos – dijo Bento nervioso.

– Dicen que un esclavo le respondió mal y el señor ordenó que lo ataran al tronco y le prendió fuego – agregó Toño.

– Había muchas cosas malas que hizo. Se dice que incluso con su esposa e hijos era malo – dijo Leonildo.

– No es por nada que ni el diablo lo aceptó en el infierno – comentó Tiago.

– Su infierno está justo aquí – dijo Bento. Ya sabes, nos sentaremos y no le diremos nada al fantasma. Pase lo que pase, nadie puede correr. Solo nos iremos cuando el fantasma se haya ido.

Llegamos. Las ruinas eran aterradoras, algunas paredes insistían en mantenerse de pie, piedras y matorrales cubrían la vieja casa. La ubicación daba miedo.

– Este lugar está infestado de fantasmas, tanto es así que el nuevo propietario hizo otra casa grande lejos de aquí y lo dejó abandonado – dijo Toño.

Nos sentamos a poca distancia de las ruinas, cerca uno del otro y en silencio. Esperamos. La noche era hermosa con muchas estrellas y la luna llena brillaba. Elegimos la fase de luna llena, por esta misma razón, para aligerarnos bien.

Debería haber sido alrededor de la medianoche, cuando vimos una figura moviéndose a través de las ruinas. Estábamos aprensivos, creo que abrí mucho los ojos y confieso que tenía miedo.

Mi corazón estaba acelerado, pero estaba callado, observando todo.

Pronto la figura, que parecía estar acostada, se levantó. Era un hombre blanco desaliñado, con su ropa hecha jirones. Dio un paseo por las ruinas y vino a nuestro lado. Simplemente no corrí, porque los demás fueron firmes y atentos. Cuando lo vi de cerca, vi su espalda azotada con latigazos, como si acabara de recibirlas y tenía muchas quemaduras en el cuerpo y la cara, lo que lo hacía ver horrible. La vista era horrible, él era muy feo. Olía mal y tenía los ojos muy abiertos. Nadie en el grupo se movió, me aferré, pero quería correr. Cerca de nosotros a unos seis pasos, se detuvo y dijo con voz hosca:

– No deben hablar mal de aquellos que han muerto y sufren. ¡Negros repugnantes! Si pudiera los pondría en el tronco.

Nadie respondió, se giró y volvió a entrar en las ruinas. Uno de los compañeros dijo:

– Vamos.

Me levanté rápido, tenía muchas ganas de irme.

– No pude ver nada – dijo Manolo.

– Solo lo escuché, pero no lo vi – dijo Bento.

La mayoría vio y oyó. El otro día temprano, lo más pronto posible, fui a ver a la madre Benta para preguntarle.

– Madre Benta, ¿por qué Manolo no vio nada?

– Porque no tiene el don. Y tú, ¿viste?

– Vi y escuché.

– Bien, tienes un don y puedes sernos útil. Sabes, Bernardino, solía aparecer con muchos negros que se vengaban de él. Estos esclavos sufrieron y lo hicieron sufrir. Poco a poco estuvimos hablando con estos esclavos, haciéndolos perdonar. Eran indulgentes y se fueron donde debían ir todos los muertos del cuerpo.

– ¿Cómo sabía que hablábamos de él en el camino?

– El espíritu sabe muchas cosas. Cuando entraron en la hacienda vecina, él ya los estaba esperando y los escuchó hablar.

– ¿Cómo no lo vimos?

– No quería, le gusta que lo vean solo en las ruinas.

– ¿Es verdad todo lo que dicen sobre él?

– Creo que sí.

– ¿Intentaste hablar con él? Como el viejo Siñó, ¿cómo hizo con los esclavos?

– Sí, pero él es orgulloso. Incluso sufriendo tanto tiempo, es arrogante. No le gustan los negros y no nos presta atención.

– ¿Lo has visto?

– Muchas veces. Fui a las ruinas para tratar de ayudarlo. Como dije, lo conseguí con algunos, pero no con él.

– ¿Va a sufrir mucho tiempo todavía?

– Dependerá solo de él. Cuando se arrepienta sinceramente, hasta el punto de poder regresar, hará todo de manera diferente, ya que también debe pedir perdón a Dios y a los que ha ofendido y perjudicado; entonces podrá tener paz y tranquilidad y marcharse. Tiene mucho que aprender.

– ¡Santo Dios! Santa Madre, hacer el mal no tiene nada bueno.

– Hacer el bien es lo mejor. Se cosecha lo que se ha plantado. Si lo viste, observaste sus heridas. Él siente como un castigo y siempre le duele.

– ¿De qué murió?

– Alguna enfermedad. Pero desde que murió, ha sufrido mucho. Muchos negros lo esperaban para hacer con él lo que les hizo.

– ¿Por qué todos te llaman de madre? – Pregunté cambiando de tema.

– Como no tenía hijos, aprendí de a bendecir, a hacer curaciones y remedios de hierbas. Empecé a cuidar a todos como una madre. Y comenzaron a llamarme madre Benta.

Sin duda, fue un título bien dado. Madre Benta siempre ha sido un ángel que cuida a todos en la hacienda.

Nunca más volví a ver al fantasma, pero siempre había una multitud para verlo. Y durante muchos años apareció, hasta que un día, como dijo la madre Benta, se cansó del sufrimiento, pidió perdón y fue llevado a un puesto de rescate.

Como no había castigo en la hacienda, muchos esclavos abusaron de ello. Había recompensas para los buenos, para los trabajadores. El servicio fue bien compartido, los que hicieron más recibieron una recompensa en efectivo. Los que hicieron lo estipulado no recibieron nada. Los que no hacían, recibieron advertencias. Después de treinta advertencias eran vendidos. Pero el servicio era escaso y era posible hacer mucho más. Mara y yo pronto recibimos recompensas y pudimos ir de compras por la ciudad. Pronto compramos objetos para el hogar, luego ropa, zapatos para nosotros. Me alegró comprar un par de botas y un sombrero de cuero. Nunca he visto a nadie recibir las treinta advertencias. Todos, o casi todos, trabajaron con placer. Nadie estaba interesado en comprar su libertad. Siempre, como en todas partes, hay abusos, algunos esclavos intentaron engañar, pero Chico, Juan y Pedro fueron inteligentes.

Doña Ambrozina encontró un pretendiente. Todos comentaron sobre la hacienda y por un tiempo solo hablaron sobre eso. Era viudo, sin hijos, vecino, dueño de una hacienda cercana. Dijeron que había estado enamorado de Siñá por algún tiempo.

Madre Benta programó una reunión con los esclavos adultos por la noche en el patio, aprovechando que doña Ambrozina se había ido a la ciudad. Mara y yo teníamos curiosidad y fuimos. Todos fueron.

– ¡Mi gente! – Dijo emocionada. Como todos saben, doña Ambrozina estaba comprometida con el sr. Leônidas. Todos también sabemos lo que está pasando con los esclavos en su hacienda. Allí los pobres son castigados en el tronco, trabajan duro, están encerrados en la senzala. Si doña Ambrozina se casa, él será el dueño, el hombre gobernará. Podrá tratarnos como trata a sus esclavos. Estamos en gran peligro. Estamos felices aquí y creo que todos quieren quedarse. No podemos dejar que nada cambie aquí. Necesitamos terminar este compromiso.

Todos prestaron atención y estuvieron de acuerdo con la madre Benta quien, bajando la voz, continuó.

– Haremos un trabajo especial pidiéndole a los *Orixás* esta gracia. Quiero que todos den ofrendas. El trabajo se realizará mañana por la noche en la cascada. Queremos que un grupo grande vaya y ore. El que va, levanta la mano.

Muchos levantaron la mano. Madre Benta contó. Mara y yo estábamos callados. Ella, al ver que no levanté la mano, preguntó:

– Tú, Bernardino, ¿no vienes? Tienes mucha fuerza, hijo mío. Ven y ayuda.

– No entiendo nada de esto.

– No importa, ven y reza.

– ¡Voy!

Levanté la mano, temía perder mi felicidad. Aunque no entendí nada de estas cosas, si fuera para rezar, rezaría.

Al día siguiente, salimos escondidos, todos los designados. Juan acompañó a Siñá a la ciudad. Chico y Pedro sabían y no dijeron nada, también aceptaron, temían al nuevo jefe porque estaban bien pagados y tenían muchas ventajas. Nos acercamos, todos llevaban ofrendas, comida, flores y ropa. Mara hizo un hermoso collar de flores para que lo lleve.

Llegamos al lugar. Hicimos un fuego. Estábamos en el lado izquierdo de una hermosa cascada. El trabajo estaba hecho. Se ofrecieron ofrendas, flores para los *Orixás*; se rezaban oraciones y se cantaban versos que me recordaban a mi hogar lejano, África. No hice nada, fue la primera vez que vi un trabajo así. Pero no me sorprendió. Me quedé en un rincón mirando y orando con fe. Le pedí a Dios protección para todos en la hacienda. Varias veces vi focos y algunas figuras, no tuve miedo y la visión me encantó.

La madre Benta con otras negras bailaban hermoso. Ofrecían oraciones piadosas y a menudo le pedían a Siñá que no se casara.

El trabajo tomó un tiempo, regresamos a casa al amanecer. Siñá regresó a la hacienda por la tarde. Había ido al pueblo a preparar el ajuar. Después de una semana de nuestro trabajo, nada había cambiado. Todos estaban preocupados, pero Madre Benta lo garantizó: el *Orixás* había respondido.

– Siñá no se casaría.

En la mañana del octavo día, Juan vino a buscarme al establo.

– Bernardino, ¿sabes cómo disparar?

– No, señor.

– ¿Puedes defender a Siñá?

– Con mi propia vida.

– Entonces vienes tú. Preparemos el carro.

En un cuarto de hora, el carro estaba listo y Siñá entró nerviosa. Juan, Pedro y Chico, discretamente armados, la acompañaron. Estaba guiando a los caballos. Íbamos en coche a la hacienda del señor Leônidas.

Éramos rápidos, en una hora estábamos allí. Cuando llegamos, doña Ambrozina se apresuró a bajar y nosotros cuatro detrás de ella. En lugar de ir a la casa grande, cruzó el patio y fue al frente de la senzala. En este lugar había un tronco y un negro gimió atrapado en él. Observamos curiosos, estaba ensangrentado y muy herido por el látigo. Vino corriendo a nuestro encuentro el supervisor que no sabía qué hacer con la incómoda visita. Este empleado recibió un pedido de Siñá:

– ¡Desata a este negro y cuídalo!

– No puedo, Siñó Leônidas... Se merecía el castigo... – Siñá se puso roja, retorciéndose las manos. En ese instante el sr. Leônidas salió corriendo de la casa grande.

– Ambrozina, ¿por qué no dijiste que vendrías?

– ¡Bribón! – Doña Ambrozina habló en voz alta. ¿No me prometiste que no habría más castigos en tu hacienda? ¿No dijiste cuando me diste este anillo que tus esclavos serían tratados tan bien como los míos? Cuando Juan me dijo que había un negro en el tronco aquí, quise verlo para creerlo. Si fallaste en tu palabra empeñada, la mía al aceptar el compromiso no tiene valor. Mira lo que hago con tu anillo. ¡Que la pases bien!

Nunca pensé que la dulce y buena doña Ambrozina podría estar así nerviosa. Se quitó el anillo del dedo, lo tiró al suelo y lo pisó.

Regresó al carruaje rápidamente y la seguimos. Había observado todo y a todos, temiendo por Siñá. El señor Leônidas le gritó, le gritó que soltara al negro y lo cuidara. Él vino corriendo tras ella.

– ¡Ambrozina, por favor escúchame! El negro lo merecía, robó. No haré más esto, quemaré el tronco. ¡Espera!

Él trató de abrazarla, ella se liberó y se subió al carruaje. Los tres entramos corriendo y Juan me ordenó:

– Vamos a casa rápido.

Hice que los caballos galoparan hasta que salieron de su hacienda. Regresamos rápidamente. Cuando ayudé a Siñá a salir del carruaje, vi su cara hinchada por el llanto. Estaba aprensivo. ¿Nuestro trabajo no hizo sufrir a doña Ambrozina? Pero la escena del negro es mi remordimiento. Madre Benta tenía razón, el sr. Leônidas no merecía nuestra Siñá.

Pronto todos en la hacienda se enteraron. Admiramos a nuestra Siñá aun más. Madre Benta nos convocó a rezar, pidiéndoles a los santos y *Orixás* que Siñá no diese marcha atrás.

Mara agregó:

– ¿Fue el trabajo de Madre Benta lo que terminó el compromiso o fue todo una coincidencia?

– No sé, respondí. No sé cuánto puedes influir en la vida de las personas. Ya sea por el trabajo de las mentes, o la respuesta a las oraciones, que el compromiso se rompió. Lo que sí sé es que en la hacienda del sr. Leônidas, los esclavos no son tratados bien. Están encerrados en la senzala, no tienen casas como la nuestra y hay castigos. Lo que sucedió es que hubo un castigo allí y que Juan fue a la ciudad y se enteró, a través de un capataz del sr. Leônidas, sobre lo que sucedió. Se conocieron en un bar, pero a Juan no le gusta el bar, pero, según él, en ese momento quería beber un trago. Cuando se enteró, vino rápidamente a advertir a Siñá. Quizás, Mara, los buenos espíritus, como dice la madre Benta, ayudaron a Juan a saber y venir a advertir. El hecho es que fue por Dios que esto sucedió antes de la boda[2].

El sr. Leônidas se disculpó, envió regalos que fueron devueltos; incluso los hermanos de doña Ambrozina intercedieron por él, pero ella se mantuvo firme, no quería saber más sobre él, por nuestra tranquilidad.

---

[2] N.A.E.: Estos trabajos son canales de energías que pueden ser para bien o para mal. Este trabajo se realizó para una solicitud de ayuda que lo Alto respondió. Los eventos lo activaron para que funcione. Pero había libre albedrío para ser respetado. Siñá, un espíritu contrario a la violencia, pensó que era mejor separarse del novio violento.

6.– HISTORIAS INTERESANTES

En hacienda Santa Ana siempre nos reuníamos para hablar. A veces, entre una prosa y otra, incluso surgieron discusiones. Si se convirtió en una pelea, pronto se separó, porque a Siñá no le gustaban las peleas, también visitábamos haciendas vecinas, principalmente las de los hermanos de doña Ambrozina. A veces para fiestas, bailes, y a veces solo para hablar. Nos sentamos en bancos de madera, o incluso en el piso en círculo, y la conversación continuó lejos. A veces, se contaban casos o hechos verdaderos, hechos que habían escuchado o historias de eventos experimentados por uno de nosotros. Me encantaba escuchar estos hechos. Una vez, incluso me invitaron a narrar mi vida. Narré con orgullo. Los sufrimientos pasados y sanados son fáciles de recordar y comentar.

En estas visitas fuimos a pie o a caballo, incluso en un carro, cuando estaba más lejos. Siñá también siempre fue con los empleados. Se quedaron en la hacienda, solo aquellos que se suponía que estaban en guardia. Estas fiestas eran casi siempre para la boda de los señores o para los santos patronos. Para los esclavos había bebidas, aguardiente y algunas comidas típicas de la región. En las bodas había incluso una barbacoa. Ciertamente, la fiesta blanca estaba en la casa grande o en el patio delantero. Estaba separado del de los esclavos. Disfrutamos mucho de estas fiestas y esperamos con ansias estos eventos.

Casi siempre hubo esclavos apasionados que se casaron entre estas haciendas. Si pertenecía a los hermanos de Siñá, la novia venía a vivir a la hacienda que pertenecía al novio. Si fuera en una hacienda propiedad de miembros no familiares, Siñá casi siempre compraría o vendería al apasionado para que la pareja pudiera permanecer unida.

En una de estas reuniones en la hacienda del hermano de Siñá, donde celebraron la fiesta del santo patrón, la reunión tuvo lugar con calma y tranquilidad. Reunimos un grupo para hablar. En esta hacienda había un negro, todo deformado, principalmente en la cara, por quemaduras. Se acercó al grupo y comenzó a escuchar. Bebía mucho, en este día estaba sobrio, un hecho que era difícil de hacer durante las vacaciones y las noches de fiesta. Tenía el apodo de Quemado. Fue invitado por un compañero para hablar sobre su vida.

– Cuéntanos, Quemado, tu vida, la razón de tus cicatrices, ya que no has bebido hoy.

Todos estuvieron de acuerdo y lo alentaron. Estaba un poco avergonzado porque, según lo que dijeron, decía poco y estaba muy avergonzado, narró lentamente. Sus ojos brillaban con recuerdos.

– Desde que era joven, me gusta beber y emborracharme. En la hacienda donde estaba anteriormente, los esclavos no bebían. Para hacerlo, tuve que robar y eso es lo que comencé a hacer. Cuidadosamente comencé a robar aguardiente del sótano de la casa grande. Descubierto, fui al tronco. Me dieron muchos latigazos. Pero no aprendí. Pronto estaba robando de nuevo. Bebí el mejor aguardiente que el coronel había guardado. Todos los días, de noche, iba al sótano y robaba un poco, hasta que me lo bebía todo. El coronel apenas bebió, tenía más aguardiente para los visitantes. Un día, el coronel recibió algunos amigos y habló con entusiasmo sobre la bebida especial que tenía, y ordenó que se sirviera a los invitados la famosa bebida que ya había bebido. La negra encontró la botella vacía y sirvió otra de peor calidad. El coronel pronto vio que el aguardiente del que hablaba no estaba servido. Le preguntó a la negra suavemente y ella le explicó que había encontrado la botella vacía. Molesto, se disculpó con los invitados. Cuando los amigos se fueron, el coronel estaba enojado y envió a buscarme.

– Una vez me atraparon robando aguardiente.

– Se perdió una botella de aguardiente. Quiero saber si fuiste tú. Di la verdad, porque lo descubriré.

Muy asustado terminé diciendo:

– Lo siento, lo siento. Sí, lo hice. Tuve ganas. Perdóname, ya no lo haré.

– ¡Átenlo al tronco!

El coronel dio la orden al capataz. Estaba angustiado en el tronco atado esperando su orden. Pero no me dieron latigazos.

– ¡El esclavo que roba debe ser marcado!

Incluso me marcó con una plancha caliente. Sentí tanto dolor que me desmayé. ¡Fue horrible!

El hecho es que Siñá, la esposa del dueño de la hacienda, era una buena persona y no le gustó el castigo, luchó con Siñó. Luego ordenó que me liberaran y que me vendaran. Como ya no me quería en la hacienda, me dijo que me vendiera. Solo tenía un padre y hermanos. Mi padre estaba triste, me dijo adiós llorando. Me dolió dejarlo y temía mi suerte.

En la feria, un empleado de Siñó Joaquim, dueño de esta hacienda, se compadeció de mí y me compró. Aquí, me cuidaron, pero se infectó y casi me muero. Me curé y estaba así, todo marcado.

De hecho, su cara estaba toda deformada, su boca torcida por las cicatrices. Después de un descanso, hablando con voz tranquila, continuó:

– Me curé, fui a trabajar y aquí estoy sin molestar a nadie.

– Quemado es un buen trabajador – dijo uno de sus compañeros –, es rápido y caprichoso. Recibe muchas recompensas.

– Gasto toda mi recompensa en bebidas. Pero solo bebo por la noche y los domingos.

– ¿Siñó Joaquim no cree que sea malo? – Preguntó un negro de la hacienda Santa Ana.

– Ya conversó conmigo para dejar de beber. Pero me gusta y no molesto a nadie. A él no le importa.

Quemado no tenía más que la ropa que llevaba, porque para las recompensas todos los esclavos, especialmente en las fiestas, estaban y les gustaba estar bien vestidos. Quemado gastaba todo su dinero en aguardiente que compraba en la ciudad.

Una vez más, nos reuníamos en la hacienda de la hermana de Siñá, escuchando una historia interesante. Estaba en el círculo de conversación, porque se formaban muchos grupos, y los jóvenes cantaban y bailaban no muy lejos de donde estábamos. María nos contó una historia que escuchó de su abuela.

– No muy lejos de aquí, había una próspera hacienda donde los esclavos eran tratados bien. Había un esclavo guapo, un mulato moreno, alto y fuerte que trabajaba en la casa grande y se enamoró de una de las hijas de Siñó. Siñáziña también terminó gustándole. Comenzaron a encontrarse escondidos, a veces en la habitación de ella, otras veces en el sótano de la casa grande. Del gran y hermoso amor, Siñáziña terminó quedando embarazada. Se desesperaron. No tenían forma de escapar y temían por su suerte. Ciertamente, el esclavo sería cruelmente asesinado y ella iría a un convento y nunca vería al niño que sería entregado y enviado o asesinado también.

Entonces planearon morir. Se ahorcarían o usarían un cuchillo que Siñá le quitó a su padre.

Eligieron el cuchillo. Ella ya tenía seis meses de embarazo. Sabiendo que no habría más para ocultar su condición, decidieron terminar su vida física, una noche en el sótano de la casa.

No tuvo el coraje de clavar el cuchillo en sí misma, le pidió a su novio que lo hiciera. La hirió y luego clavó el cuchillo en su pecho. Se desencarnó, pero Siñáziña no murió esa noche. En la mañana fueron encontrados. Siñáziña fue rescatada y medicada. Cuando regresó, les contó a sus padres sobre su romance. El padre estaba furioso, pero no intentó nada contra su hija enferma. Ocultaron el hecho, ordenaron que enterraran al esclavo de inmediato y les dijeron a todos que Siñáziña estaba enferma. Su herida no fue fatal, sino lo que la hizo abortar; este aborto causó una infección y falleció llamando a su amor. Fue una gran pena para la familia que hizo todo lo posible para ocultar el hecho. Mi abuela lo sabía porque trabajaba en la casa grande. Pero lo más importante en esta historia es que no sabían cómo explicar la aparición de su hija junto al esclavo. Los dos aparecieron juntos, tomados de la mano, paseando por la hacienda. Tenían heridas en el pecho que siempre sangraban. Los amantes deambulaban juntos en el sufrimiento. Cuando los más valientes les hablaron, ambos lloraron y pidieron oraciones. Dijeron que estaban sufriendo.

María guardó silencio por un momento, luego, con la sabiduría que le había dado la vida, agregó:

– Quien se suicida sufre mucho. Mucho más que cualquier sufrimiento terrenal. Por un tiempo, el alma deambula con un dolor terrible. Es muy triste Nadie debería, por ningún motivo, matar el cuerpo bendecido que el Padre nos dio para vivir encarnado en la Tierra.

– Pero María – dijo una negra que escuchaba atentamente –, Siñáziña no se suicidó, él fue quien le clavó el cuchillo.

– Sí, es verdad – respondió María –. Pero la intención es todo. Ella quería morir. Tenía la intención de hacerlo. Quizás pensó que no tenía fuerzas para semejante hazaña.

– La vida juega trucos – comentó un negro –. Ella no se desencarnó de la puñalada, sino que se desencarnó de otra cosa.

– Quizás la pobrecita desencarnó con ideas de intentar suicidarse de nuevo – dijo una mujer con aire soñador.

– ¿Crees que los dos pudieron haber estado juntos después de ser rescatados? – Me aventuré a preguntar.

– Los que se suicidan pierden muchos privilegios, a veces incluso de un cuerpo perfecto en la próxima encarnación. Quizás para un aprendizaje los dos se separan por tiempo, hasta que aprendan a amar a Dios, la vida, más que a sí mismos.

– Pero los dos se amaban – dijo una negra suspirando.

– No fue por nada que vinieron una Siñá y otro esclavo. Quizás tuvieron que aprender a amar en silencio.

– Fue a causa del castigo que deberían amar y estar separados – dijo una mujer. María continuó respondiendo:

– Creo más que fue para aprender. El amor siempre debe ser sincero y puro y no debe hacer que nadie se sienta infeliz por tenerlo. Quizás los dos, en vidas pasadas, han abusado de este amor.

– Hablando de amor, solo hay historias del amor de Siñá por los esclavos, y no al revés – dijo Onofre.

– Hay muchas historias de Siñó y esclavos, sí, María – respondió él explicando. Solo este amor es normalmente aceptado, el amante esclavo vivo de Siñó. La mayoría de estos amores son solo caprichos, pero a veces Cupido también juega trucos y el amor es sincero. Excepto que apenas un hombre toma un esclavo para su esposa. Casi siempre se casa con una mujer blanca y la negra permanece como amante.

En la hacienda del Siñó José, hermano de Siñá Ambrozina, había una familia de esclavos que tenía un hijo débil mental. Estaba todo deformado, era un niño. No tenía nombre, fue bautizado como todos los demás en la hacienda. Pero su madre olvidó su nombre y todos lo llamaron Bobo. Daba pena verlo, tenía una cabeza grande, brazos con manos pequeñas, piernas cortas y pies normales que eran enormes cerca de sus piernas y brazos. La cabeza redonda tenía que estar apuntalada, porque colgaba de lado. La madre lo cuidó tanto como a los demás hermanos, pero la familia era numerosa y no había mucho tiempo para él. Estaba en una canasta grande, solo se sacaba para limpiarlo a él o la canasta. Muchas moscas, mosquitos, se asentaron sobre él, molestándolo. Durante el día lo pusieron en el área de la casa. Y estaba allí para que todos lo vieran. Algunas personas pasaron y se metieron con él, otras la abanicaban y algunas incluso lo alimentaron. Por la noche fue puesto en la casa. Solo hacía sonidos cuando lloraba, sonaba como el chirrido de un pájaro. Era negrito, muy negrito. No sabíamos si escuchaba, pero veía, porque seguía a la gente con los ojos. A veces trataba de sonreír. Este aire de risa era cínico, muy extraño. Fui a verlo varias veces, la primera vez que lo vi me impresionó.

Jugué con él apartando las moscas y él me sonrió de su extraña manera. Nunca vi a una persona más fea sonriendo, él lo era. Cuando le pusieron comida en la boca, simplemente chupó. Cuando lo conocí, tenía trece años. Vivió así hasta los veintidós años.

Cuando desencarnó, fue enterrado con la canasta. Más tarde, el grupo de la madre Benta invocó este espíritu, que durante años fue Bobo. Él vino y habló con ellos. Madre Benta nos contó lo que dijo en la reunión; incorporado, Bobo habló con dificultad, dijo que estaba bien y que volvería pronto a la carne, que sería perfecto, pero negro, un esclavo. Dijo que todo su sufrimiento se debió a errores pasados. En la encarnación anterior fue un capataz cruel. Su madre, en esta encarnación, era la esposa que había alentado el crimen en la anterior. Lo hizo muy mal, mató a muchos esclavos y tulló a muchos negros con sus castigos. Cuando desencarnó, como capataz, fue perseguido, se volvió loco por el remordimiento y la venganza de quienes no lo perdonaron. El remordimiento malvado y destructivo dañó su periespíritu: se encarnó como Bobo para recuperarse.

– ¿Bobo sufrió menos que cuando estaba sin cuerpo? – Pregunté.

– Sí, él sufrió – Y madre Benta completó la historia con su simplicidad y sabiduría –. Ser malo es el mejor mal que te haces a ti mismo. Y sus consecuencias son desastrosas.

Zé do Fumo, un esclavo muy amable de la hacienda del Siñó Joaquim, nos contó un hecho, una noche fría cuando estábamos cerca de una fogata:

– Cuando era joven, vine con Siñó Joaquim, también joven, a estas tierras que había heredado de su padre. Poco a poco los reconstruimos. Cuando llegamos aquí, la hacienda estaba un poco abandonada. Pronto descubrimos que en el arbusto que rodeaba la hacienda había un lugar que se decía bendecido, donde había una cruz. Este lugar donde muchos negros iban a rezar, a poner flores, etc. Allí fue enterrado un joven esclavo que desencarnó injustamente. Antes que el padre del Siñó Joaquim comprara estas tierras, pertenecían a un coronel malvado con los esclavos. Dijeron que los esclavos estaban muy mal alimentados. Un día una esclava robó un poco de harina de la despensa de la casa grande para dársela a sus hijos. El coronel se enteró. Pero uno de los hijos del esclavo, un niño de doce años, fue acusado y castigado en lugar de la madre. Fue enterrado vivo en un hormiguero en el bosque. Él murió de una muerte horrible. Poco después de su muerte, todos en el vecindario comenzaron a rezar por el esclavo inocente y valiente. Comenzaron a obtener gracias.

Zé do Fumo se detuvo por un momento, dejando a todos esperando la narración, luego continuó:

– Un día, estábamos el Siñó Joaquim y yo a caballo mirando el ganado que estaba al otro lado de la hacienda. Cuando en el camino que íbamos, apareció una serpiente de cascabel, lista para atacar. El caballo de Siñó Joaquim, que abrió el camino, se encabritó. Grité por el Esclavo Hormiguero. Le pedí ayuda al niño de los milagros. Como por arte de magia, la serpiente se escapó y el caballo se detuvo, como si alguien lo hubiera sujetado. Incluso Siñó Joaquim creia que fue ayudado por el negrito del bosque. El otro día él y yo fuimos a tomar flores y rezar por el Esclavo del Hormiguero. Siñó hizo reemplazar la pequeña y vieja cruz por una grande y nueva. Aquí, concluyó Zé do Fumo, todos ya han recibido ayuda de este espíritu que es santo.

Todo lo que me avergonzaba, le preguntaba a la madre Benta, ella siempre me explicaba dentro de su conocimiento.

– Bernardino, he visto al Esclavo del Hormiguero muchas veces, es hermoso y muy feliz. Me habló una vez. Dijo que su muerte no fue injusta, que debido a errores de otras encarnaciones merecía tener esta muerte. Que perdonó sin guardar rencor, incluso trató de ayudar a este hombre malvado que lo hizo matar, aconsejándolo para bien. Que estuvo allí porque estaba feliz de ayudar a los demás y que el plan mayor le permitió quedarse allí por muchos años para ayudar a quienes sufren.

– Madre Benta, ¿y cuándo termina este tiempo?

– Se irá. Si no viene ningún otro espíritu, como él, a atender a las personas en su nombre, no podrán alcanzar las gracias. Y todo, el lugar, incluso la historia será olvidada.

– ¡Qué pena!

– Así es la vida, todo pasa. Pasamos por el tiempo, cometiendo errores, sufriendo, aprendiendo a ser felices cuando somos buenos.

En la hacienda de la Siñá Margarita, hermana de nuestra Siñá Ambrozina, había una esclava muy vieja. Llamada Bárbara, pero todos la llamaron Negra Ba. Muchos decían que tenía unos cien años. Cuando se le preguntó, respondió con calma: "Tengo muchos años, hijo, muchos." Ella contaba muchas historias que decía que eran ciertas. Entre ellas estaba la de una Siñá que se enamoró de un empleado de la hacienda. Dijeron que esta Siñá, cuando era adolescente, se vio obligada a casarse con el dueño de la hacienda, lo que detestaba. Un esclavo descubrió este amor, le contó al Siñó a cambio de su libertad. Siñó atrapó a su esposa en el acto y la arrestó cruelmente a ella y a su amante, como si fueran esclavos, y los torturó hasta que murieron. Siñá tuvo tres hijos pequeños que se quedaron con su esposo asesino. Dicen que Siñá perdonó y se fue a donde deben ir todos los que desembarcan. Pero el empleado no perdonó y obsesionó al negro delator. Comenzó a estar montado sobre su espalda, usando al liberto como un caballo. Mucha gente lo vio cabalgando sobre el negro. El ex esclavo comenzó a cansarse de cualquier esfuerzo y tuvo un dolor de espalda horrible. No podía trabajar más y estaba muy infeliz, tenía nostalgia del tiempo de esclavo. Se arrepintió de haberlo delatado, desencarnó por una caída, cuando se golpeó la cabeza.

– ¿Y entonces qué pasó? – Pregunté. Negra Ba respondió sonriendo:

– La vida no termina con la muerte, continúa. Los dos que se odiaban se fueron y solo Dios sabe lo que le sucedió al desafortunado. Tal vez uno ha perdonado y se ha ido, tal vez han estado en una pelea de odio durante años. Lo correcto, hijo, es perdonar olvidando las ofensas. Y, sobre todo, no ofender a nadie, vivir en una actitud de no tener que pedir perdón.

Negra Ba también contó otra historia. Dijo que antes de venir a la hacienda de Siñá Margarita fue vendía muchas veces, cambiando de lugar y de propietarios. Entonces vio muchos eventos. Fue muy agradable escucharlo, parecía que estaba cantando. Todos estaban atentos y solo si, escuchaban su voz.

En una de estas haciendas por donde pasó, había un tipo muy malo que, una vez por castigar a un negro, por cualquier razón, ordenó que el pobre hombre fuera atado con cuerdas y arrastrado por un caballo al galope a través del pasto. El capataz, tan malo como Siñó, pasó al caballo por un terreno malo, lleno de espinas y piedras. El esclavo fue aplastado. Los otros esclavos en la hacienda tomaron los pedazos del esclavo castigado y lo enterraron. Algún tiempo después, Siñó comenzó a soñar con el negro que dijo que quería sus pedazos. Estos sueños eran tan terribles que Siñó se despertaba gritando y los negros de la gran casa escuchaban. Siñó comenzó a soñar todas las noches y tenía miedo de dormir. Ya no comía correctamente, comenzó a hablar solo. Incluso fue con sus empleados para tratar de encontrar pedazos del esclavo. No los encontraron y los esclavos guardaron silencio. No dijeron que lo enterraron. Siñó ya no se preocupaba por nada, hablaba consigo mismo, gritaba como si viera al esclavo muerto en todo momento. Los hijos de este

Siñó, queriendo liberarse de esta plaga que ni siquiera era un buen padre, hicieron una celda en el sótano de la casa y lo arrestaron allí. Vivió allí durante años, completamente loco, hasta que desencarnó.

Le mencioné este hecho a madre Benta y ella me explicó:

– Este negro debe haber desencarnado y su espíritu odiaba obsesionar al Siñó. Primero comenzó a aparecer en sueños. Cuando a menudo dejamos el cuerpo, durmiendo y en espíritu, vamos a lugares y conocemos gente. Pero no todos los sueños son así.

Los sueños pueden ser de muchas maneras, recuerdos del cerebro físico, preocupaciones recordadas, etc. Pero en este caso, Siñó vio el espíritu del ex esclavo que exigió esa acción malvada. Entonces Siñó comenzó a verlo todo el tiempo.

– ¿Se volvió loco?

– Quien debe teme. La obsesión fue tan grande que llegó a la posesión, llegando a lo físico, y cayó enfermo. Esto pasa mucho. Mientras haya males y la gente no perdone, habrá obsesión. Todo esto es una falta de Dios en el corazón.

– ¿Dios permite estas obsesiones?

– Dios enseña a sus hijos a ser buenos y no a hacer el mal. Pero también nos dio libre albedrío. Hacemos lo que queremos, pero los que hacen el mal plantan malas hierbas de espinas, que luego dañan la cosecha obligatoria. Este tipo hizo mucho mal, plantó hierba mala. El día de la cosecha llega para todos, el suyo también iba a llegar. Pero el esclavo se encontró en el derecho a cobrar por venganza. También tenía su libre albedrío, porque si perdonaba se iría feliz. No perdonó, sufrió y lo hizo sufrir. Siñó iba a sufrir de todos modos, después de desencarnado, incluso reencarnado. Nadie necesita vengarse. Las buenas o malas acciones que nos pertenecen.

– Madre Benta, ¿alguien puede obsesionarse, solo por despecho, con una persona que no le ha hecho nada malo?

– Si esta persona es buena, no tiene mala cosecha, es difícil. Entonces los buenos siempre tienen buenos para ayudarla. Los que no deberían tener que pagar. A veces es inocente en la encarnación actual, pero no en las anteriores.

– En este caso, ¿qué se debe hacer?

– Tratar de orar, perdonar, pedir perdón y buscar personas que entiendan la ayuda que necesitan, tanto para ellos como para los desencarnados.

¡Cómo aprendes de las historias! En cada caso, una lección importante que debemos aprovechar en nuestro día a día.

7.– TRABAJOS DEL BIEN

Madre Benta me llamó un día para ver el trabajo que hacía los viernes por la noche. Los participantes en todas las reuniones fueron aquellos que fueron considerados médiums o, como ella dijo, aquellos que tenían el don de hablar con los espíritus. Estas reuniones fueron en su casa, que vivía sola. Desmanteló una pared y la sala, o el ambiente de la entrada, se hizo grande.

El trabajo era de noche y para mi sorpresa allí encontré a Juan, el empleado de la hacienda, y la esposa de Pedro. Ambos trabajaban con la madre Benta.

Entré y estaba callado en un rincón, observando todo. Solo un gran jarrón con flores apoyadas contra la pared.

Todos los que quisieran podrían asistir a estas reuniones. Muchos de los que tuvieron problemas fueron allí para recibir consejos y ayuda.

Los médiums eran ocho, cinco mujeres y tres hombres; se pararon en el centro de la habitación en un círculo. Madre Benta aplaudió y todos callaron, incluso había gente fuera de la casa porque no cabían en la casa. Cantaron y bailaron lentamente en círculos. Las canciones eran hermosas, hablaban de la bondad de Dios. A veces aplaudían. Conocí estas canciones al escuchar a mis compañeros cantar cuando trabajaban, y por el trabajo de la cascada a la que había ido. Después de cantar durante unos veinte minutos, la madre Benta oró muy bellamente pidiendo protección, después que todos rezamos juntos un Ave María y un Padre Nuestro.

Madre Benta y Juan estaban en el centro del círculo y se dio la orden.

– Permítales recibir a los espíritus que vinieron aquí para una orientación.

Los cinco de la roda comenzaron a hablar, por incorporación. Si alguno se contorsionaba, Juan o madre Benta pondrían su mano sobre su cabeza y él se tranquilizaba. Los cinco estaban hablando al mismo tiempo y Juan y madre Benta les estaban hablando.

Presté atención a las personas cercanas a mí. Hablando a través de un médium, este espíritu que había sido una Siñá, se quejó de dolor y desprecio de los suyos. Juan, que estaba hablando con ella, le habló cortés y amablemente que su cuerpo había muerto. Ella no lo creía, estaba sorprendida de estar entre personas negras. Juan, con la ayuda del equipo desencarnado, los buenos espíritus que trabajaban allí, le mostraron su cuerpo que solo tenía huesos, cómo murió, para que ella pudiera creer. Lloró de miedo, no sabía qué hacer. Le mostraron a dónde iba y ella se calmó y fue removida.

Otro a quien le presté atención fue un esclavo que había desencarnado en el tronco, muy lejos, en otra hacienda. Había pasado un día desde que había desencarnado. No estaba enojado o incluso odioso, simplemente no sabía que se había desencarnado. Aceptó en el buen sentido y se fue feliz.

También escuché a una negra que desencarnó de una enfermedad y aun sentía el dolor en su cuerpo. Juan, con la ayuda de los espíritus, la curó y ella también se fue feliz.

Un espíritu vino enojado, quería vengarse de todos modos. Dijo que fue asesinado mientras huía por un capitán del bosque. Madre Benta habló con él, mostrando las molestias de la venganza, pero fue en vano. Se fue rencoroso, prometiendo vengarse.

Vi algunos espíritus que vinieron a recibir ayuda y muchos buenos, rodeados de luz.

Estaban todos en silencio. Para mi sorpresa y felicidad, Juan incorporó a Tomás. Antes, había visto, o más bien sentido, a mi amigo. Tomás habló en voz alta con su voz tranquila y amable.

– ¡Buenas noches! Soy el amigo Tomás. Vengo aquí como aprendiz para ayudarles. Estoy muy feliz. No pueden tener idea de lo hermoso que es el lugar donde vivo. Doy gracias por haber soportado los sufrimientos de la vida en el cuerpo y por ser bueno. Quizás debería haber sido mejor. Pero por la bondad de Dios estoy muy feliz. Entonces, mis hermanos, calma y paz, mucha paz con todos, especialmente con nosotros mismos. Transmita mi abrazo a nuestra Siñá. Porque le debemos una buena y digna vida cautiva, y estas obras. ¡Que Jesús los bendiga!

Cuatro médiums abandonaron el círculo y cuatro se quedaron y se sentaron en taburetes. Se hizo una línea para hablar con los buenos espíritus que vinieron a ayudar al encarnado.

Fui también, me senté en el suelo, Juan incorporado me bendijo con una rama. Cuando terminó, me levanté y me fui. No dije nada, pero muchos hablaron, preguntaron a los espíritus sobre sus problemas y respondieron con amabilidad y sabiduría.

Después que todos habían sido bendecidos, o, mejor dicho, habían pasado, los espíritus se fueron y todos volvieron a cantar, agradeciéndoles. Posteriormente, el trabajo terminó[3].

Llegamos a casa ligeros, sueltos y felices. Como era tarde, no hablé con nadie; pocos se quedaron por minutos hablando sobre lo que sucedió en el trabajo.

---

[3] N.A.E. – Tenemos noticias de muchos trabajos como este en tiempos de esclavos. Como estaba muy oculto, no fueron revelados. Pero de lo que Bernardino nos habló, a la Siñá, dueña de la hacienda, no le importó y eran libres. Como podemos ver, se realizó un trabajo de desobsesión donde se incorporaron los espíritus que necesitaban ayuda para ser guiados. Luego vimos una sesión de pases. Se dio mucha ayuda y consejos. Los términos que usaron, repito, fueron diferentes de los que uso cuando escribo. Lo hago en términos actuales, para una mejor comprensión, ya que ni siquiera se conocían en ese momento, ya que fue Allan Kardec quien más tarde se refirió a ellos. Estos trabajos entre esclavos se hicieron de muchas maneras. Lo que digo fue muy bueno. Ciertamente, Juan y la madre Benta fueron espíritus evolucionados y amables.

Al otro día por la tarde busqué curioso a madre Benta. Ella sonrió de una manera simple y amable, y respondió a mis preguntas.

– Madre Benta, ¿quién te enseñó a hacer estos trabajos?

– Tomás quien los hizo primero. Al principio fue diferente. Jibão, un espíritu esclavo, (como él mismo dijo, antes de haber sido maestro en otras tierras lejanas, donde todo estaba más evolucionado), con paciencia, nos habló ahora para hacer esto, ahora eso. También nos enseñó a cantar para prepararnos con la música.

– ¿Tomás siempre viene a trabajar?

– Sí, tan pronto como desencarnó, comenzó a ayudarnos como espíritu. Es muy amable y le gusta ser útil. Quien sea bueno aquí, permanece de ese lado.

– Presté atención a la conversación de los espíritus. ¿Por qué estaba sufriendo la Siñá?

– Bernardino, muchos no se preparan para la desencarnación, ella viene y la persona no sabe cómo hacerlo. Esto es común.

– ¿Dónde estaba?

– En su casa como si estuviera encarnada. Se quejaba de dolor, debido al reflejo de su muerte, y del desprecio de los suyos, porque, desencarnada, no la vieron.

– ¿Cómo y por qué fueron a buscarla?

– Todos somos hermanos, blancos y negros. ¡Todos! Los buenos espíritus trabajan con nosotros, van y traen a los necesitados. Pensando que Siñá ya había sufrido mucho, la trajeron para que pudiéramos ayudarla.

– ¿No podrían ayudarla sin traer una incorporación?

– Cómo se hizo es mucho más fácil. Al vibrar de manera diferente, no vio los buenos espíritus. Como vibraba como si estuviera encarnada, solo veía cosas de la materia. Y los buenos vibran como espíritus que son. Además, si los viera ciertamente pensando que estaba encarnada, tendría miedo de ver fantasmas. Incorporada es más fácil, porque puede comparar su cuerpo con el del encarnado. Y los fluidos de los encarnados la ayudan tanto a sanar como a ver los hechos reales; es decir, su desencarnación.

– ¿Por qué fue castigado ese negro? ¿Por qué desencarnó en el tronco?

– Si no lo dijo, no depende de nosotros por curiosidad saberlo. Nos dio una hermosa lección, perdonó y pudo, por esta razón, ser ayudado y llevado a lugares hermosos.

– Incluso si tiene razón; es decir, si no hizo nada malo y fue castigado, cuando no puede perdonar, ¿no puede ser ayudado?

– Jesús no fue crucificado sin razón y no perdonó? Todos deben seguir su ejemplo. Puede que no haya habido razón para esto, sino para otras vidas pasadas. La reencarnación es una ley justa que nos lleva a comprender tantas razones, tantas preguntas que hacemos. Si no perdonamos, no podemos ser ayudados. El que no perdona no puede ser tomado para ayudar.

– ¿Y el espíritu enojado? ¿Por qué se fue?

– Todos tenemos libre albedrío. No aceptó ser esclarecido. Prefiere sufrir y hacer sufrir. Pero su venida entre nosotros no fue inútil, plantamos una pequeña semilla en su corazón. Esperamos que siempre recuerde los consejos que le han dado. Quizás algún día se canse y se vuelva hacia Dios.[4]

---

[4] N.A.E. – Muchos espíritus que vestían un cuerpo de negro, cuando eran esclavos, lo hacían para un aprendizaje. Muchos aceptaron, otros no. El aprendizaje no se nos impone. Aceptamos aprender o no. Muchos eran espíritus educados que aprendieron a ser buenos. Eran, son de gran bondad. También vemos hoy grandes

Le comenté a Mara:

– Me gustó el trabajo, las canciones me parecieron hermosas, me sentí bien allí, vi muchos espíritus, pero no volveré.

– Bernardino – dijo – Madre Benta dice que tienes un don y debes trabajar.

– Disparates. No volveré.

Pero el viernes siguiente recordé los trabajos todo el tiempo y sentí que alguien cercano a mí decía: "Ve, Bernardino, ve..." Por la tarde, decidí ir de nuevo y me fui.

Estaba, como la otra vez, callado en un rincón, prestando atención y todo estaba como antes. Curioso escuché a los espíritus hablar a través de las incorporaciones. Me impresionó una chica blanca que se desmayó quemada por accidente. Su desesperación fue grande. Tuvo que calmarse, le quitaron el dolor y pudo hablar, y agradecer a los negros, una raza que pensó que era inferior.

---

obsesiones por parte de aquellos que no perdonaron, no aceptaron este aprendizaje y consideraron los errores de otros más que de ellos mismos. Muchos espíritus que fueron cautivos y aprendieron la lección que la esclavitud les dio, son grandes trabajadores en Brasil, en el plano espiritual.

También escuché una triste historia de un negro. Se suicidó, porque su esposa era amante del Siñó. Desesperado, se suicidó y había sufrido durante muchos años. Cuando recordó pedirle perdón a Dios, fue llevado allí, guiado y se fue aliviado.

Después de escuchar, Jibão, este espíritu amado de todos los presentes, habló a través de la madre Benta y recomendó que hubiera silencio y que oremos, cuando los espíritus necesitados estaban hablando y recibiendo orientación.

Luego los cuatro médiums del círculo se fueron y los otros recibieron los buenos espíritus para el pase. Pero estos cuatro médiums que se fueron estaban ayudando y fue uno de ellos quien vino a llamarme.

– Bernardino, ven, aquí hay un espíritu que dice ser tu amigo. Fui y me senté frente a un médium que fue incorporado.

– ¡Ve, Bernardino, vete! Hablé contigo todo el día – dijo el espíritu y se rio amablemente. Él continuó, después de una pausa:

– Soy Tiago ¿Me recuerdas?

– Tiago!

La imagen de mi amigo se hizo fuerte en mi memoria, comencé a llorar.

– Tiago – dijo emocionadamente –, tu bendición, mi amigo. Fuiste muy amable conmigo. Me dijiste que iba a ser feliz, vivir en una pequeña casa y tener una gran familia. Todo sucedió.

– Dudabas...

– Pero sucedió. Pero dime, amigo, ¿desencarnaste?

– Sí, ha pasado un tiempo. Me acordé de ti y vine a buscarte.

Estaba contento con el trabajo por el bien que hacen aquí. Te recordaste lo que dije sobre la casa y la familia, también debes recordar que te dije que podía ser como era y que tendría la oportunidad de aprender. Aquí puedes aprender más y mejor que conmigo.

Agaché la cabeza, esta parte no me interesaba. Tiago volvió a reír.

– Bernardino, hijo, no desprecies el don que recibiste para hacer el bien. Solo cuando hacemos el bien, aprendemos a ser buenos. Este, el don, es para que la bondad de Dios queme, a través del trabajo, fluidos dañinos que nosotros mismos creamos, cuando hacemos el mal. Vine a ti para saber cómo estabas, por extrañarte y para alertarte sobre tu trabajo espiritual.

– Te lo agradezco. Tiago, te estoy muy agradecido.

– Repito: el que está realmente agradecido, imita a su benefactor. ¡Adiós! ¡Quédate con Dios!

– ¡Adiós!

Regresé a mi asiento, pensativo. Estaba en silencio, y cuando terminó, me apresuré a casa. No hice comentarios sobre el hecho y nadie me preguntó.

Todos decían que Siñá era una médium, no podía soportar sentir curiosidad si realmente lo era o no. Quería preguntarle, pero no me atreví. Un día, teniendo la oportunidad, lo hice. Fue entonces cuando fuimos en un pequeño carro para ver una plantación. Conduje el carro y estaba sentado a mi lado. Hablamos animadamente, me armé de valor y pregunté:

– ¿Siñá conoce el trabajo de los viernes en la casa de madre Benta?

– Siempre me dicen lo que pasa allí, pero nunca fui.

– ¿Por qué no va?

– Tengo miedo. Allá llegan las almas que veo y escucho en la casa grande. Si voy, recibo espíritu y no quiero.

– ¿Por qué? – pregunté tímidamente.

– Soy católica y el sacerdote lo prohíbe. Él dice que son cosas del diablo. No creo que sea del diablo. Me gusta comulgar y, si es así, no podré hacer más, porque la Iglesia considera el hecho como un pecado mortal.

– ¿Y realmente cree que es así?

– No. El pecado o el error está haciendo daño a alguien. He pasado por algunos apretones, porque tengo miedo; pero cuando un espíritu me tienta, hablo con la madre Benta o con Juan y se las arreglan.

Pensé mucho sobre si debería ir a estos trabajos o no. A veces pienso que debía ir, a veces no. Y el tiempo pasó y ya no fui.

Algunas veces el sacerdote de la ciudad iba a la hacienda bendecir, bautizaba a los niños, casaba a los negros y celebraba misa. La misa, si hacía buen tiempo, se hacía en el patio; si estaba lloviendo, se hacía en la sala de la casa grande. Todos en la hacienda fueron y oraron con fe. Madre Benta rezó con satisfacción y la misa siempre fue hermosa. Un día pregunté:

– Madre Benta, ¿también te gusta la misa?

– Me gusta rezar Dios está presente en todas partes. Le gustan todos sus hijos y no importa si uno viene a él por esta o aquella creencia. El Padre nos pide que seamos buenos, que hagamos el bien y que nos amemos los unos a los otros. Es incorrecto no respetar las creencias, porque todas son de Dios.

– Pero al sacerdote no le gustan los trabajos que hacen. Él dice que es el demonio quien ordena estas reuniones.

– Nuestras obras solo hacen caridad y el diablo no hace el bien. Nuestras obras son de Dios. Entonces el demonio es solo un espíritu maligno que no ha aprendido a ser bueno. Él también es nuestro hermano y lo amo. No podemos aislarnos de los espíritus malignos, porque ¿quién sabe si ya no éramos uno? El sacerdote todavía no entiende esto. Él es un buen hombre. Vamos, eso nosotros lo entendemos. Un día lo notará. Nadie está separado por la creencia. Me gusta orar y veo a Dios presente en cada acto de fe.

A veces el grupo hacía un trabajo especial en el bosque, o en la cascada, era para agradecer o hacer pedidos. Como no fui a asistir a las reuniones un día, Madre Benta me advirtió:

– Bernardino, debido a nuestras muchas existencias (porque hemos vivido muchas veces, es decir, nuestro espíritu ha renacido en diferentes cuerpos), hemos acumulado karma en nosotros. Puede ser este karma positivo debido al éxito, porque es más difícil vivir en el Bien, porque la Tierra es un lugar de aprendizaje que todavía es primario. Este karma también puede ser negativo por pecados, errores que cometemos y abuso. El karma negativo o malo nos molesta y por ley debemos deshacernos de él. Es como enlodarse y querer limpiar. Limpiamos de dos maneras, con dolor o volviéndonos buenos, es decir, con una transformación interna para mejor. La mejor manera de llegar a ser bueno es hacer el bien, la caridad, ya sea material o moral. Caridad material, tú y yo no tenemos forma de hacerlo, no tenemos nada que dar, pero moral, podemos practicarlo mucho.

Te invito una vez más a trabajar con tu don, mediumnidad, multiplicar el talento que el Padre te ha dado. Bernardino, quema o elimina tu karma negativo con tu transformación interna para mejor, haciendo el bien con tu mediumnidad. De lo contrario, seguirá habiendo dolor para hacer esto. Y puedes estar seguro, vendrá. Él vendrá como un compañero sabio y justo, un compañero que siempre espera que el individuo tenga oportunidades de eliminar su karma negativo trabajando en el Bien, lo que lo hará bueno, y por su transformación interna. Mientras eres joven y fuerte ven a trabajar, recupera tus sentidos mientras puedas. Si vas a comenzar en la vejez, no habrá tiempo.

– Tomás era viejo y trabajaba y tú no eres tan joven, le dije.

– Pero Tomás y yo comenzamos jóvenes y tuvimos la gracia de continuar en la vejez, y con disposición y salud – me respondió con seriedad.

– He sufrido mucho, madre Benta. ¿Todavía tengo que sufrir más?

– Bernardino, si ya ha sufrido, sabes lo difícil que es sufrir. ¿No era para ti simpatizar con otros que sufren? ¿No sentían pena por ti?

– Sí, estoy agradecido con todos los que me ayudaron, esto es suficiente para mí. No quiero trabajar contigo. No pedí nacer como médium.

– Ahora dices eso. ¿Estás seguro que para reencarnarte no pediste la bendición de la mediumnidad? Creo que sí, siempre preguntamos. La mediumnidad es una gracia maravillosa y siempre debemos trabajar con ella de forma gratuita. No quiero insistir en ti, solo alertarte. Tal vez te arrepentirás en el futuro.

No respondí nada, pero la madre Benta no me convenció. Ya ni siquiera iba a ver trabajos o reuniones. Pero los respetaba a todos y, como amigos, nos amábamos. Estas obras duraron hasta que Madre Benta y Juan desencarnaron. Luego fue escaso y cambiante. Los encarnados mezclaron la religión católica y sus creencias. Pero siempre hubo buenas personas que ayudaron a otros con sus bendiciones y pases.

8.– LIBERTAD

Mis hijos crecieron fuertes y hermosos. Las dos mayores, Marta y Maraína, fueron a quedarse como acompañantes de doña Ambrozina. Marta era dulce y amable, una dulce criatura. Aprendió a bordar perfectamente y fue emparejada con Siñá en sus muchos bordados. Maraína era hermosa, una mulata encantadora, cautivadora y conversadora. Llamaba la atención por su perfecta belleza y gracia. A Siñá les gustaban mucho.

Cuando Maraína tenía quince años, Jorgito, veinte años, hijo de Siñó José, hermano de doña Ambrozina, iba mucho a visitar a su tía. Al principio, todo era natural; entonces pronto se sospechó que Jorgito estaba enamorado de Maraína. Doña Ambrozina se preocupó y ordenó que cada vez que Jorgito fuera a la hacienda, Maraína se quedara en nuestra casa. Siñá me llamó y comentó:

– Bernardino, Jorgito, mi sobrino, se ve atraído por Maraína. Realmente creo que él piensa que está enamorado. Maraína es realmente hermosa. Me gusta, ella es mi ahijada, pero también me gusta Jorgito. Este amor no puede funcionar. La familia no le permitirá casarse con ella y no le deseo a Maraína una relación irregular. Di órdenes que tan pronto como él llegue a la hacienda, ella vaya a tu casa y no salga de allí hasta que él se vaya.

– Se lo agradezco, doña Ambrozina, tiene razón, hablaré con ella.

Le pedí que fuera a casa por la noche para hablar, porque los dos dormían en la gran casa para hacer compañía, también de noche, a Siñá. Ella fue y hablamos.

– Maraína, hija mía, dime ¿qué pasa entre tú y Señoziño Jorge?

– Nada, mi padre – respondió Maraína –. Es amable, hablamos mucho y me mira mucho.

– ¿Sabes que él está interesado en ti?

– Siñá me habló, ya que también me pidió que me mantuviera alejado de él.

– ¿Te gusta?

– No lo amo. Tal vez podría amarlo, es muy agradable y simpático. Pero cumpliré las órdenes de Siñá, no te preocupes.

Y así fue. Cuando Jorgito llegó a la hacienda, Maraína corrió y se quedó en casa. Pero él fue tras ella. Cuando lo vi ir a mi casa, corrí hacia allí. Educado como todos los demás miembros de la familia, Jorgito nos saludó y se excusó para hablar con Maraína.

– Disculpe Señoziño Jorge – dije – pero mi Siñá, quien es mi dueña, me dio órdenes de no dejarte hablar con mi chica.

– Está bien, respondió Jorgito, así que quédate allí y escucha nuestra conversación. Maraína – dijo mirándola con cariño – Me gustas, te quiero para mí. No importa si mi familia no aprueba nuestro amor. ¡Te quiero!

– ¿Quiero cómo? No te vas a casar conmigo, ¿verdad?

– Ven conmigo, luego lo resolveremos.

– ¡No voy señor! No lo amo y no quiero ir.

– Aprenderás a quererme.

– ¡No voy!

Corrió hacia el dormitorio. Siñó Jorgito, sin saber qué hacer, se retiró y fue, y le contó todo lo que le sucedió a Siñá. Doña Ambrozina le contó todo al hermano que envió a su hijo a Río de Janeiro para pasar unos meses de paseo. No quería ir, pero terminó yendo.

Maraína tenía muchos pretendientes, la animé a aceptar uno y casarse. Luego comenzó a salir con Antônio, el hijo de Chico, un empleado agrícola. Era rubio, muy claro. El cortejo fue rápido y se casaron. El matrimonio fue muy lindo, porque era bueno y trabajador. Ellos eran felices.

Cuando Jorgito regresó, meses después, fue de inmediato a visitar a su tía y encontró a Maraína casada. Estaba decepcionado, pero no hizo nada, solo que no volvió a visitar a su tía.

Mi vida en la hacienda de Santa Ana fue tranquila y feliz. Mara y yo amamos y respetamos a doña Ambrozina como madre. Allí vi aparecer las leyes de la abolición. La "Ley del vientre libre", la "Ley sexagenaria." Con ellos muchas alegrías y también historias tristes. Tuve hijos libres que luego fueron empleados en la hacienda. Fueron tratados tan bien como los ancianos que se quedaron allí, siendo apoyados. La ley no ha cambiado nada en la hacienda. Allí los ancianos ya no trabajaban, ni los enfermos, y todos fueron bien tratados.

Pero no todas las haciendas eran así. Un día, una negra llegó a la hacienda de Siñó José con tres niños pequeños liberados y esperaba otro. Pidió refugio.

– Siñó me deja quedarme aquí. Mi dueño me echó de la hacienda porque dijo que me estaba apoyando a mí y a mis tres hijos. Me dijo que no lo arreglara más, cuando quedé embarazada me despidió.

Siñó José, un hombre muy bueno, la dejó quedarse, y no es que la condenada tuviera nueve hijos que fueron criados en libertad y luego se extendieron por todo el mundo.

Esta esclava fue expulsada con sus hijos, a menudo los propietarios ahuyentaron a los niños y salieron a vagar y mendigar. Esto estaba prohibido, pero ya estaba hecho. Mucho de esto les sucedió a los ancianos, ex esclavos, fueron ahuyentados y sin ningún lugar a donde ir, comenzaron a vagar, mendigando en las ciudades y sus alrededores.

En todos los tiempos de la esclavitud, hubo muchos casos tristes. Si no fuera por la Ley de Causa y Efecto, la esclavitud sería una injusticia, pero a todos se les da lo que se merecen.

Cuando se firmó la "Ley Dorada", la noticia nos llegó cinco días después. Fue recibido con gran alegría y celebración. Siñá hizo matar a un toro y tuvimos una barbacoa, cantamos y bailamos toda la noche. Solo dos ex esclavos abandonaron la hacienda días después para regresar hambrientos y avergonzados, pidiéndole a doña Ambrozina que los aceptara nuevamente. Ella amablemente los aceptó.

Pensé que la libertad era buena solo porque temía que Siñá muriera y sus parientes nos vendieran.

Pero fue un motín. Los libertos no sabían qué hacer, salieron de las haciendas en busca de lo que no se sabe. Las personas sin hogar y sin comida pronto tuvieron hambre. Sin propósito, no sabían qué hacer con su libertad, no sabían lo que era ser libre. Era invierno, la región estaba fría y estos vagabundos sufrían mucho, sin refugio. Muchos abandonaron las haciendas y comenzaron a caminar, cantando sin rumbo.

Como Hacienda Santa Ana y doña Ambrozina tenían fama de ser buenos con sus esclavos, muchos fueron allí para refugiarse. Los primeros que llegaron a Siñá los pusieron en el cobertizo. Los alimentó y no querían irse. Siñá no podía emplear a todos, los que acogió en la hacienda Santa Ana fueron suficientes. Como muchos querían entrar a la hacienda, tuvimos que vigilar y no dejar pasar la puerta. Allí les dimos ropa y comida. Pero fue un desastre, caminaron y volvieron a comer. Entraron en las plantaciones, robaron comida y animales. Teníamos que sacar a todos los mendigos y mantener bien la hacienda.

Muchas personas en el vecindario, blancas y negras, terminaron muriendo o hiriéndose en conflictos. Eran negros que intentaron robar, blancos que se defendieron.

Incluso nosotros, ex esclavos de Hacienda Santa Ana, dimos nuestras recompensas en limosnas a los libertos que pidieron en la puerta. Nuestra Siñá dio mucho, ordenó sartenes, medicinas y ropa.

Muchos libertos eran buenos, pero la mayoría eran frívolos y alborotadores.

Yo siempre estaba de guardia. Mi tamaño exigía respeto, pero siempre hablaba con los negros y escuchaba muchas historias sobre ellos.

Un día, vino a la puerta a mendigar una anciana negra con su hijo de treinta años, que era mudo porque le habían cortado la lengua y las dos orejas. Escuchaba poco y se comunicaba con gestos. La madre me dijo que, porque él cortó a Siñá, porque Siñó estaba saliendo con una negra, Siñó, por castigo, les ordenó que le hicieran esto. También dijo que no quedaban negros en esta hacienda. Me compadecí, les di mi ropa y la de Mara y el último dinero que tenía. Le dije a doña Ambrozina que respondió con tristeza.

– Desearía poder recoger a todos, pero no es posible. ¿Qué hacer con muchos negros aquí? No habría trabajos para todos y muchos de ellos son matones. Tuve que expulsar incluso a los que recogí.

– Tiene razón, no funcionaría recoger a alguien. Cuando Siñá recogió a los primeros negros que pidieron ayuda, había quince de ellos y solo hicieron un desastre. No querían trabajar, exigieron buena comida y dos de ellos casi violaron a Chiquita, una niña de la hacienda.

Los negros de la hacienda, ahora empleados, no querían trabajar para mantener a los vagabundos. Entonces Siñá tuvo que expulsarlos. También porque en todo momento grupos vinieron a pedir ayuda.

Un negro quería un arma prestada para matar al capataz de la hacienda donde vivía. Como me negué a prestar, él me maldijo y se fue maldiciendo.

Otro me dijo:

– Vamos, empleado, tráeme un plato de buena comida. ¡Quiero buena! ¿No es la hacienda aquí que trata bien a los esclavos?

Dijo que estaba empleado como si fuera de gran importancia, y lo era. De esclavos a sirvientes le parecía muy diferente. No para nosotros en la hacienda de Santa Ana.

– ¿No sabes cómo pedir con humildad?

– ¡No fastidies! Soy de pelear. Te golpearé si no me traes un plato de comida ahora.

¡Ahora vete, negro!

– ¡No me llames negro, idiota!

Intenté no prestarle atención, pero siguió provocando y maldiciéndome hasta que perdí los estribos. Abrí la puerta y lo desafié.

– Dices que me golpearás. Listo. Estoy aquí para pelear.

Me dio un puñetazo en la cara y me caí. Me levanté y lo enfrenté. Luchamos feo. Él sabía cómo pelear y yo también. Pero gané y lo puse a correr.

En otra ocasión, lamentaba mucho a un ex esclavo, estaba herido. Contó su historia con voz triste.

– Cuando las noticias de la liberación llegaron a la hacienda, estaba en el tronco y acababa de ser castigado. Me golpearon porque robé.

– ¿Qué robaste para ser castigado así?

– Robé aguardiente de la casa grande.

Le dije que esperara y fui a hablar con Siñá. Ella dijo que lo recogiera. Lo cuidamos, le hicimos vendajes, se quedó en el cobertizo durante tres días, pero fue grosero, se metió con las mujeres, quería beber. Tuvimos que botarlo.

Una mujer con tres hijos pidió refugio. Ella dijo humildemente:

– Dile a Siñá que vengo de la hacienda del señor Leônidas. Quería que doña Ambrozina nos acogiera.

Estaban enfermos de debilidad. Siñá dio órdenes de dejarla a ella y a sus hijos y les dio una pequeña casa que estaba vacía para vivir. Madre Benta pronto los curó. Y se mudaron con nosotros. Una de las hijas de esta mujer, Nascina, era mentalmente débil. Pero para el asombro de todos, ella tenía un don raro, sabía los nombres de las estrellas y la distancia que estaban de la Tierra. Nosotros, que no entendimos nada de esto, nos divertimos con ella. Por las noches nos sentamos y preguntamos:

– Nascina, ¿cómo se llama esa? Empezamos a pensar que ella sabía cuando hablaba siempre el mismo nombre para una estrella puntiaguda. Casi todos los sobrinos de doña Ambrozina estaban interesados en el hecho. Una de ellas una noche trajo un gran libro que hablaba de las estrellas. Preguntó, comprobó y, para sorpresa de todos, dijo que ella no había cometido ningún error. El sacerdote incluso la bendijo, pero nada ayudó. Madre Benta dijo que era ella quien sabía, que había aprendido en otra existencia. Un día, Pedro estaba agregando y resolviendo un problema con los salarios. Nascina se acercó, observó durante minutos y dio el resultado, que después que Pedro verificó que era correcto. Luego descubrimos que ella hizo sus cálculos y sabía los números. Pero la pobre no vivió mucho. Estuvo enferma en la cama durante meses y luego desencarnó. Madre Benta dijo que ella fue en espíritu al trabajo que se realizó el viernes por la noche. Ella educadamente incorporó, agradeció a todos, hablando correctamente, como los blancos, y se fue para no volver. Tal vez, como dijo la madre Benta, fue a reencarnarse.

Curioso, le pregunté a madre Benta:

– Madre Benta, ¿por qué Nascina encarnó en esta vida enferma y esclava?

– Quizás, Bernardino, había abusado de su inteligencia en una existencia pasada y se había debilitado mentalmente. Esclava, para aprender a valorar la raza negra. Todo esto la ayudó a aprender a amar a todos como hermanos.

Un caso interesante también fue el de una mujer mulata, con un hijo blanco en su regazo, que apareció en la puerta de la hacienda y quería hablar con Siñá. Insistió tanto que doña Ambrozina vino a ver qué quería.

– Siñá – dijo –, mi niño pequeño es blanco, fuerte y guapo. Quiero dártelo. Sé que no tienes hijos. Quédate con él, por favor.

– ¿Por qué no lo quieres?

– No tengo forma de criarlo.

– Quédate en la hacienda con él, cuídalo.

– Pero... – hizo una pausa avergonzada – es que quiero ir a la corte, a Río de Janeiro, para tener una vida libre, para disfrutar de la juventud.

– ¿Y el hijo se interpone en el camino?

– Sí.

Pedro, que había ido, escuchó todo, llamó a Siñá a un lado y dijo:

– Doña Ambrozina, mi hijo Carlos, casado por tres años, no tiene hijos, él y su esposa han estado esperando un hijo por mucho tiempo. Ahora, quieren adoptar uno. Guardaré este para ellos.

Regresaron cerca de la mulata, la ex esclava, y Pedro dijo:

– Estoy empleado aquí, me quedo con tu bebé.

– ¿Empleado? Pero yo quería que Siñá se quedara con él.

– No puedo – dijo doña Ambrozina. Soy vieja y soltera. No sé si tendré tiempo para criarlo. Si quieres, Pedro se quedará con él, de lo contrario puedes irte.

– Está bien. Vine a dejarlo y lo haré. Aquí está. Ponle el nombre que quieras, no está bautizado.

Le entregó a su hijo, se dio vuelta y se fue, y nunca volvió. Pedro llevó al niño a su hijo Carlos, que estaba muy feliz. La pareja crio al niño como un hijo, él era un niño hermoso y dócil.

Todos los esclavos en Hacienda Santa Ana se quedaron como empleados, viviendo en las casas y recibiendo un salario mensual. Para nosotros, para mí, poco ha cambiado. Vivíamos felices y continuamos siéndolo.

Con el tiempo, se calmó y la hacienda ya no necesitaba ser vigilada. Los negros comenzaron a arreglar a casi todos en las haciendas, muchos volvieron a los que habían quedado y todo volvió a la normalidad.

Mis hijos se casaron, doña Ambrozina envejeció, Mara y yo fuimos a vivir con ella a la casa grande. La cuidamos con todo respeto y afecto. La hacienda estaba en manos de los empleados. Como estaban bien, todo estaba en orden, la hacienda se mantuvo próspera y rentable. Gradualmente, los viejos empleados, como Pedro, Juan y Chico, desencarnaron, y también Madre Benta, para la tristeza de todos en la hacienda. Realmente sentí la desencarnación de esta vieja negra que era realmente la madre de todos, la echamos muchísimo de menos en la hacienda.

Los hermanos de Siñá también desencarnaron, con solo sus sobrinos que rara vez venían a verla. Doña Ambrozina ya no salió de la hacienda. Debido a una enfermedad en sus piernas, Siñá ya no caminaba y todavía estaba fuerte, llevándola a todos los lados de la casa. Cuando quería caminar por la hacienda, la puse en el carrito y fui a donde ella quisiera. Era delgada, demacrada y vieja, pero sus ojos aun eran grandes y amables. Nos hicimos grandes amigos, Mara, yo y doña Ambrozina.

Un día, doña Ambrozina me llamó a la habitación.

– Bernardino, amigo mío, lo que tú y Mara hacen por mí, ningún pariente ha hecho o hará. Sabes que mis herederos por ley serán mis sobrinos. Pero quiero recompensarte. Aquí hay una buena cantidad de dinero. Quiero que compres un lugar para ti.

Nunca había visto tanto dinero.

– Doña Ambrozina no necesita recompensarme, lo que hago por ti es más mi obligación. Te debo mucho.

– Eres realmente agradecido, pero quiero dártelo y no discutas conmigo. ¡Este dinero es tuyo! ¡Tú te lo mereces! Quiero que tú y tu familia reciban apoyo cuando muera y no tengas a dónde ir.

– ¡Dios te bendiga! – Le agradecí conmovido.

Con este dinero compré un lugar cerca de la ciudad y allí vivían y trabajaban cinco de mis hijos. Mara y yo nos quedamos con Siñá. Por nada en este mundo la íbamos a abandonar. Sus brazos también estaban perdiendo sus movimientos. Fue Mara y otras dos doncellas quienes la bañaban y la alimentaban. Estuve cerca de ella todo el tiempo, miré todo en la hacienda, la llevé por la casa. Algún tiempo antes de desencarnarse, Siñá apenas la vio, pero se mantuvo amable y cortés. Un día, mientras estaba sentada en el porche, falleció en silencio. Mara y yo, como todos los empleados, lloramos mucho. Los sobrinos hicieron un hermoso funeral. Uno de los sobrinos compró partes de la hacienda a los otros herederos y siguió siendo el único propietario. Todos los empleados permanecieron allí. Nos invitó a quedarnos allí, no aceptamos, lo hicimos, por la amabilidad de Siñá, por tener a donde ir. La hacienda continuó con el mismo nombre y este nuevo propietario, una buena persona, continuó prosperando.

Sentí mucho la desencarnación de doña Ambrozina. Lloré, la quería tanto, estaba agradecida, éramos amigos. Ella era rica, blanca, yo negro y esclavo, pero una amistad amorosa, pura y honesta nos unió. Estaba agradecido, ella era amable. Amistad así, la muerte no separa.

9.– ¿EL POR QUÉ DE LOS SUFRIMIENTOS?

Mara y yo fuimos a nuestra granja, pero a mis hijos, que habían vivido y trabajado en ella durante años, no les gustó nuestro viaje. Pensaron que eran dueños y nuestra presencia allí los avergonzaba. Ya éramos viejos, pero aun éramos fuertes. Nos dieron a vivir en una casa pequeña, más pequeña que las casas en la hacienda de Santa Ana. Nos entristeció sentirnos rechazados por nuestros hijos, pero no comentamos. Mara ordenó la casita y era hermosa, estaba bien para nosotros. Fue agradable estar entre los hijos, nietos y bisnietos. Los niños pronto aprendieron a amarnos, les gustaba escuchar nuestras historias sobre los esclavos. A veces nos sentábamos con ellos debajo de los árboles y pasábamos horas jugando o contando historias allí. Pero esto fue de corta duración.

Había pasado un tiempo desde que tuve gripe y tosí mucho, perdí peso y me sentí débil. Cuando me mudé al sitio, sentí más la enfermedad. Mara pidió a los hijos que me llevaran al médico de la ciudad, dudaron, pero terminaron aceptando.

El Dr. Plínio, un buen médico, me examinó y pronto descubrió:

– ¡El señor Bernardino tiene tuberculosis!

Había oído hablar de esta horrible enfermedad, incurable en ese momento, pero no estaba seguro de qué era. El Dr. Plínio pacientemente nos dio las explicaciones necesarias. Mara y yo prestamos mucha atención. Cuando llegamos a la granja y les dijimos a mis hijos, estaban aterrorizados, temerosos del contagio. Tenían hijos e incluso nietos y no podían arriesgarse a contraer la enfermedad. Entonces, en un tiempo récord, construyeron una habitación, una cabaña lejos de las casas, para mí. El lugar estaba aislado, pero les fue bien. A los niños se les prohibió verme a mí y a mí salir de la casa. Cuando la habitación estuvo lista, trataron de convencerme de ir allí. Según ellos, era lo mejor para todos. Fui sin quejarme. Estaba enfermo y no quería transmitir esta enfermedad a nadie más. Hicimos el cambio. Lo que más sentía era estar solo, ya que Mara no iba a estar conmigo.

– Está sana, mi padre – dijo uno de mis hijos –, puede contagiarse. Lo entiendes...

– Ya veo – dije con tristeza.

Me quedé solo, prohibido salir. Solo por la noche, cuando oscurecía, salía a caminar. Mara vino dos veces al día para traerme comida, agua y limpiar la habitación. También estaba vieja, caminó de la casa a mi casita, era un largo trecho y estaba cansada. A veces se venía arrastrando. Un día pregunté:

– ¿Por qué no viene uno de los fuertes nietos jóvenes, al menos una vez al día?

– Porque tienen miedo de la enfermedad. También porque estoy preocupado por ti aquí solo. Quiero verlo.

– Estoy bien, Mara. Ven solo una vez al día, lo cual es muy bueno.

Mara empezó a venir solo una vez. Vino, limpió todo, esperó a que comiera y hablábamos.

Recordando el pasado, el tiempo feliz con nuestra Siñá, en la hacienda de Santa Ana. Esperaba estas visitas de Mara y me entristecía cuando ella se iba. Mis hijos enviaron mensajes, abrazos. Los retribuía. No me enfadé con ellos. Los entendí y los quería bien. Nadie, ni siquiera un pariente, vino a visitarme o mirarme desde lejos.

Pero la tuberculosis me estaba marchitando, comencé a tener dolores en el pecho. La fiebre parecía arder por dentro, tosí mucho y comencé a expulsar sangre. Pero lo que más sufrí fue la soledad, el aislamiento. Las noches no parecían terminar. Lloré mucho. Una noche vi a la madre Benta claramente. Se me acercó, no tenía miedo, no tenía motivos para tenerle miedo a la madre Benta, que siempre fue tan buena. Ella sonrió, era hermosa, fuerte y joven.

– Bernardino...

– Madre Benta, me alegro de verte. ¿Viniste a verme? ¡Sufro mucho!

– ¿Recuerdas lo que te dije, hijo mío? – Hice un esfuerzo, pero ella me ayudó.

– Dije que tenías un karma negativo que quemar, si no fuera por el trabajo en el bien, sería por el dolor.

– ¡Recuerdo! Me negué a trabajar.

– Sí, eras joven y fuerte, tenías el don de la mediumnidad para hacer el bien, te negaste. Dejaste de hacer y aprender, porque el que hace el bien a los demás se lo hace a sí mismo, y mucho se aprende.

– Pensé que no iba a sufrir más. Pero dime, madre Benta, si hubieras trabajado con la mediumnidad para el bien, ¿no tendría que sufrir como yo ahora?

– Bernardino, cuando trabajamos para el bien, tenemos oportunidades de aprender y ser buenos. Nuestros errores están en nosotros, en nuestro periespíritu, como el lodo que necesita ser lavado, transformado. O hacemos esto a través de nuestro cambio interno o lo hacemos a través de las lágrimas de dolor; es decir, a través del sufrimiento.

– ¡Estoy tan solo!

– ¡Siente a Dios en ti!

– ¡Ayúdame!

– Sí, vine a ayudarte. Te daré un pase que tendrá la bendición del sueño. Pero mi mayor ayuda es recordarte la oración. Debemos resignarnos, aceptar todo sufrimiento con paciencia, porque, Bernardino, si no sufrimos con resignación, el sufrimiento es de poca utilidad. No está siendo castigado. El dolor es un compañero bendecido que nos ayuda a transformarnos para mejorar. Es a través del dolor que a menudo recurrimos a Dios y lo recordamos. Es a través del dolor que reconocemos nuestros errores y nuestro objetivo es mejorar. ¡Que Jesús te bendiga!

Se fue alejando y me estaba durmiendo, dormí toda la noche. No me desperté hasta la mañana siguiente, cuando el sol brillaba en mi habitación.

Pensé mucho en el consejo que madre Benta me había dado. Deseaba que otros amigos desencarnados vinieran a visitarme y, por lo tanto, recibí emocionado tantos desencarnados que vinieron a traerme consuelo y consejos. Me alegré de ver a doña Ambrozina, que estaba bien y saludable.

– Bernardino – dijo ella – estoy feliz. Y confía, pronto tú también lo estarás. ¡Ten paciencia!

– ¡Tú eres muy buena!

– ¡También eres bueno, me ayudaste mucho!

– ¡Te debo mucho!

– No, amigo mío, no me debes nada. Los amigos hacen el bien por placer. Quería ayudarte más, pero no puedo. Rezo por ti y le pido a Jesús que te dé fortaleza y paciencia. Siempre vendré a verte.

Entonces, para los amigos desencarnados, no estaba tan solo y la soledad ya no me castigaba. Tomás también vino a verme. Al hablar sobre mi karma negativo, pregunté:

– Tomás, ¿no podrías ayudarme a recordar mi pasado? ¿El por qué de mi sufrimiento?

Pensó por un momento y respondió:

– No sé si debo. Preguntaré a mis superiores, volveré mañana.

Al otro día, Tomás me visitó radiante.

– Bernardino, puedo ayudarte a recordar. ¿Es esto realmente lo que quieres? ¿No te aburrirás con tus errores?

– He sufrido y sufro por ellos. Sé que debo haber sido terrible. ¡Quiero recordar!

– Tú, Bernardino, has abusado de tu conocimiento sobre la fuerza de la naturaleza y los poderes mentales y espirituales de la mediumnidad. Encarnaste muchas veces en la India...

Tomás estaba hablando y yo recordaba. La última vez que encarné en la India, adquirí muchos conocimientos. Antes de reencarnar, había prometido ayudar a la ciencia a favor del Bien y, con mi conocimiento, ayudar a mi prójimo.

Era un terrateniente rico y poderoso y una casa grande y hermosa. Llevaba una piedra muy hermosa en la frente. Era un amuleto, una hermosa piedra de rubí, que había comprado a un sabio mago. Este mago a través de la magia me unió la piedra encantada para darme fuerza, coraje y poder sobre mis enemigos. Lo usé durante toda esta existencia. La piedra me marcó tanto que la moldeé en mi periespíritu. Entonces, en las dos encarnaciones posteriores lo traje en forma de una pinta, en mi cuerpo físico.

Tenía muchos esclavos, o más bien, sirvientes esclavizados por mi poder hipnótico. Mis sirvientes vivían en la parte trasera de mi casa, en habitaciones separadas. No los maltrataba. Me gustaba estar bien servido y no perder mi fortuna con ellos. Usé mi poder mental para tenerlos sin pago. Lo hice con ellos. Al contratar al sirviente, traté de hipnotizarlo, si podía, trabajaría conmigo, de lo contrario sería despedido. Prefería a los que no tenían parientes o que estaban lejos. Los que se quedaron, recibieron solo lo necesario para vivir. Para no hacer comentarios, los casé juntos y elegí los pares. Parecían autómatas, hablaban poco y apenas salían de la propiedad. No fisgonearon, podía trabajar en silencio en una parte de la casa, donde solo unos pocos invitados, magos como yo, entraban.

Estaba interesado en la magia desde cuando tenía doce años, cuando un mago visitó a mi padre. Le pedí a mis padres que tomaran algunas clases con ese sabio. Sabía leer y escribir con precisión y le gustaba mucho leer. El sabio se quedó con nosotros durante tres años y me enseñó mucho. O más bien, recordé con él lo que ya sabía de otras encarnaciones. Cuando el mago se fue, estudié solo dos años. Luego, con el permiso de mi padre, viajé en busca de conocimiento. Fui tras varios astrónomos, magos, hechiceros y durante cinco años aprendí mucho. Regresé a casa y recibí la herencia, algunas tierras lejos de la casa de mi padre y muchas joyas. Fui allí, donde comencé a vivir y organicé mi vida. Era un lugar hermoso y me rodeé de plantas exóticas.

En esta parte de la casa reservada para mí, que llamé laboratorio, hice mi investigación y experimentos. Tenía todo lo que necesitaba allí para mis estudios. Estos estudios y experiencias trataban de astronomía, de escritos antiguos sobre las propiedades del alma, como la mediumnidad, principalmente la de los efectos físicos, las energías del periespíritu, las plantas que intoxican el periespíritu y las que purifican. Era una gran persona egoísta, no usé mi conocimiento para bien y no se lo transmití a nadie. Los resultados de este sorprendente estudio los guardé para mí. Nunca hice mal, excepto por los sirvientes y esposas que hipnoticé. Sabía cómo hacer el bien y el mal, prefería estar solo con el conocimiento sin usarlo.

Me casé, tuve cuatro esposas, no me importó ninguna de ellas. Para evitar quejas y peleas, las hipnoticé. Tenía hijos, pero no los amaba, eran indiferentes conmigo, intenté educarlos y darles un estudio básico, como leer y escribir, independientemente de si eran felices o infelices. Mi sueño era que uno de mis hijos siguiera mis pasos, que le gustara y tuviera el don de la magia. Pero desafortunadamente, ahora digo felizmente, ninguno de ellos nació con este don.

Pasé horas y horas encerrado en mi laboratorio, cada vez más encantado con mis estudios e investigaciones.

Si el rubí, el amuleto, impedía que me llegaran fuerzas negativas, no podría protegerme de los míos, los que creé con mi egoísmo. Sabía que puedes posponer la cosecha de nuestras malas cosechas, pero nada puede impedir que lo hagas algún día. Me enfermé y supe que mi enfermedad era incurable. Llamé a los magos y sabios que sabía que me ayudarían, usamos todo nuestro conocimiento y no pude sanar. Sufrí mucho, me estaba pudriendo en la vida, mi cuerpo estaba cubierto de heridas que parecían quemaduras y dolores como tales. A la edad de cincuenta y cuatro años, desencarné, después de muchos sufrimientos. Con mi desencarnación, la fuerza hipnótica en mi casa terminó y todos parecieron despertarse después de un largo sueño. Las esposas y los niños estaban agradecidos que yo desencarnara. Temerosos de mi laboratorio, se llevaron todo, lo llevaron al patio y lo quemaron. Desencarné y vi todos los eventos, fue con gran pesar que los vi terminar con todo lo que tanto amaba y dedicaba. Sabía, a través del estudio, desconectarme de mi cuerpo. No fue fácil como pensaba, me desvinculé justo antes de ser incinerado. Pensé en quedarme en mi casa. Pero un grupo de espíritus que esclavizaban me persiguieron y torturaron por un tiempo, porque pensé que era débil. Pero cuando me recuperé, terminé luchando contra ellos. Tenía el conocimiento y la fuerza mental para dominarlos. No me miraron, prefirieron abandonarme. Solo, deambulaba y sufría sin descanso. Había abusado de un don precioso, la mediumnidad y la fuerza de mi pensamiento. Entonces me di cuenta que había cometido muchos errores y no quería cometer más errores. Los magos de Umbral me invitaron a quedarme con ellos, pero no quise hacerlo. Llegó el remordimiento y lloré mucho, preferí estar solo en una cueva.

Así que pasé mucho tiempo sufriendo por mis errores.

Un día, un espíritu amable, un salvador, me habló:

– Hijo, el remordimiento destructivo no conduce a nada. ¿Por qué no pedir perdón y llegar a conocer otra fase de la vida espiritual que está reservada para el bien?

- ¿De verdad crees que puedo ser perdonado? – Pregunté esperanzado.

- Por supuesto, Dios nos ama a todos y a ti también. Pedí perdón con toda sinceridad y el rescatista me llevó a un refugio, un puesto de socorro. Pensé que era maravilloso, pasé un tiempo allí aprendiendo las lecciones de la buena moral. Sabía que había hogar para quienes lo merecían, era un invitado, necesitaba reencarnarme. Le pregunté al supervisor de la casa:

- Buen maestro, antes de reencarnarme, quítame este conocimiento, quítame el don de la mediumnidad. En las encarnaciones en las que desarrollo esta facultad y el poder mental no las uso para el Bien.

- El conocimiento adquirido a nosotros pertenece. Tienes que vencerte a ti mismo.

- ¿No puedo ser más fuerte primero? ¿Aprender a ser bueno y luego usarlo para bien?

- Puedes. Estas facultades se han quedado dormidas en ti, pero gradualmente las volverás a tener.

- Quiero comenzar de nuevo. Siempre he abusado de mi conocimiento. Si es posible, quiero reencarnar entre hermanos sin educación y volver a aprender desde cero.

– Podrá reencarnarse entre espíritus que aun ignoran el conocimiento, pero lo sufrirá.

– Si es posible, así es como lo quiero.

Entonces, obteniendo la gracia, mi solicitud fue concedida. Reencarné en África. Mis facultades se durmieron, nací entre los primitivos para un comienzo bendecido. Sufrí mucho, la tribu me era extraña. Era fuerte, alto, con la piel más clara que los demás, las facciones más suaves y con una gran mancha en la frente. También tenía una marca como Bernardino, que se asemeja a una piedra ovalada. Estaba triste y silencioso, era diferente de los demás en la tribu. Extrañaba mucho y no sabía qué, y por qué los extrañaba. Mis padres, pensando que estaba enfermo, me llevaron al mago de la tribu. Este último se dio cuenta que había desencarnados perseguidores, espíritus muy extraños para él. El grupo de tres espíritus que no me perdonó estaba esperando la oportunidad de vengarse de mí. Como no podían conmigo, cuando estaban sin cuerpo, esperaron a que volviera a la carne.

El hechicero que intentó salvarme de los obsesores me hizo tomar hierbas que me causaron mucho daño. Muchas veces no comí durante ciertas fases de la luna, otras veces me dejó atrapado sin beber agua. Le ordenó realizar rituales ridículos y peligrosos; muchas veces estuve atado a los árboles toda la noche e incluso recibí palizas, y a menudo me dolía todo.

Cada vez tenía más crisis de tristeza y agonía, era mi espíritu el que echaba de menos las encarnaciones anteriores.

Un día, este curador me dio una tarea, tenía que complacer a los dioses, y para ello tendría que subir una colina de difícil acceso y juntar algunas hierbas para que me preparara un baño que librara a los demonios; es decir, a mis perseguidores... Mientras trepaba por el acantilado, me caí y desencarné. Tenía veinte años de edad. Fui ayudado por espíritus desencarnados pertenecientes a la tribu. Mis perseguidores se fueron, pensando que estaban vengados. Se fueron tristes e infelices, tanto como yo. La venganza es una espada de doble filo. Todo buen acto o lo malo nos pertenece y tendremos que dar cuenta de este acto algún día. Empecé a aprender, a través del dolor, a valorar a la persona humana. Estos espíritus de la tribu que estaban allí, a veces esperando reencarnar, ahora ayudando a todos, me ayudaron a encarnar nuevamente. Regresé como Bernardino.

Mis recuerdos terminaron, lloré y Tomás me consoló.

– Bernardino, los recuerdos están en nosotros, no podemos escapar del pasado, pero podemos construir nuestro futuro.

– De nuevo, no hice el bien con la mediumnidad

– Me quejé tristemente.

– ¡Pero tampoco hiciste daño! Quizás porque hiciste el mal con la mediumnidad anteriormente, esta vez tuviste miedo de cometer errores con ella y te negaste a despertarla y trabajar con ella.

– Esto no justifica mis acciones. Mis facultades en esta vida comenzaron a despertar. La próxima vez, debo tener este regalo más acentuado. ¿Qué será de mí?

– Debes preocuparte por el presente. Esta vez estarás mejor preparado para reencarnar. En esta encarnación estabas agradecido, hiciste amigos, sufriste resignado, todo será diferente. Cuando tu cuerpo físico muere, podemos apagarlo e irás a un lugar hermoso, donde te prepararás y regresarás con una mejor disposición para hacer el bien.

No dormí esa noche, estaba pensando en todo lo que recordaba. Entendí la razón de mis dolencias. Pero no me sentí amargado por mis errores, sentí que estaba terminando de pagarlos. Recé, terminé agradeciendo a Dios por mis sufrimientos. El Padre ha nacido para darnos nuevas oportunidades.

Languidecía, a veces tenía sed y no podía conseguir la taza de agua que Mara dejó en una caja junto a la cama. Ya no me levanto de la cama. Mi dolorido cuerpo comenzó a doler. Mi compañera de vida, Mara, lloró cuando me vio así. No me quejé. A veces lloraba, pero las lágrimas sin quejas son aguas que lavan el periespíritu. Seguí recibiendo visitas de amigos espirituales.

Hasta que un día...

10.-

DESENCARNACIÓN

Era tarde, me sentí más tranquilo, me quedé dormido sin dolor, o mejor, sentí sueño, pero fue un sueño extraño, porque no perdí el conocimiento. Lo que realmente sucedió de hecho fue que desencarné. Las escenas de mi desencarnación parecían confusas, vi todo el evento dando la impresión que soñaba. Sentí una sensación de bienestar que no había sentido en mucho tiempo. Vi figuras que no diferenciaba, pero sabía que eran Tomás, Juan y Madre Benta. Hablaron en voz baja entre ellos, no entendí, solo entendí cuando me hablaron directamente frases de aliento, como esta:

– Bernardino, mantén la calma. ¡Todo está bien!

– Lo que te está sucediendo es natural. ¡Intenta estar tranquilo!

Confiando en mis amigos, traté de estar tranquilo y oré mucho con fe. Me sentí bien y los dolores desaparecieron. Sentí a mis amigos mover mi cuerpo. No me dolió, tuve ganas de poner mi mano en ciertas partes de mi cuerpo[5]. Tiempo después, no podía decir cuánto tiempo, me dijeron que solo eran dos horas.

Sentí mi cuerpo flotar sobre la cama. Y, como me dijeron después, mi desconexión fue relativamente rápida, debido a mi enfermedad, este proceso ya se estaba haciendo de forma natural. Era mi espíritu el que se desconectaba lentamente de mi frágil cuerpo. No tenía miedo y no sentí nada cuando lo dejé. Entonces escuché de Madre Benta:

– Este cuerpo, Bernardino, fue un vehículo bendecido que tu espíritu usó para aprender.

"Así es", pensé, e intenté agradecer este regalo. "Padre, agradezco a este cuerpo que me dio para vivir otra encarnación."

Pero no sentí pena por dejarlo, eso es lo que quería desde que me enfermé y estuve solo en la cabaña. Estaba cansado de sufrir.

---

[5] N.A.E.: este proceso de desligamiento es completamente indoloro.

– Ahora te llevaremos a otro lugar – dijo uno de mis amigos.

Sentí que me tomaron de los brazos como un niño a una edad temprana. La sensación que tuve fue que me conmovieron. El hecho es que fui transportado por volitación a un puesto de rescate. Me pusieron en una cama limpia y fragante; también me sentí limpio, porque últimamente Mara no había podido bañarme. Me acomodé plácidamente en la cama y me cubrí con una sábana.

– Bernardino, duerme ahora para recuperarte. Trata de descansar.

Me sentí mareado, somnoliento e intenté obedecer el consejo. Cerré los ojos, pero no dormí de inmediato. Estaba recordando los últimos eventos, encontrándome genial estar allí sin dolor y limpio. Terminé durmiendo. Desperté y temí haber soñado. Abrí mucho los ojos y vi todo lo curioso.

– ¡Me alegro de no haber soñado! – Suspiré aliviado al ver que estaba en un lugar extraño. Tomás se me acercó sonriendo.

– ¡Tomás, que bueno verte! – Dije eufóricamente. Lo abracé contento.

– ¡Sé bienvenido! – Respondió amablemente.

– Gracias por todo. Me ayudaron mucho y estoy agradecido. Realmente lo hice, ¿no?

– Sí, has desencarnado.

– ¡Qué bien!

Estaba alegre y feliz, sintiéndome bien, sin dolor. Me miré a mí mismo. Sin heridas en el cuerpo, sin tos.

– ¡Tomás, me siento tan bien! – Entonces recordé a Mara.

– Tomás y mi compañera, ¿cómo está ella? ¿Ya ha encontrado mi cadáver?

– Mara está bien. A la hora habitual ella fue a verte. Al encontrarte muerto, lloró con lágrimas. Regresó y advirtió a los hijos, se fueron, pero no lo vieron. Allí, cerca de la cabaña, cavaron una tumba y te enterraron. Bueno, fue Mara quien te tomó y te envolvió en una manta y lo puso en la zanja, le tiraron tierra. Mara sacó todas las pertenencias de la cabaña y le prendió fuego.

Quemó todo lo que le pertenecía en los últimos meses para evitar el contagio. Luego regresó a casa triste y resignada. Pero Bernardino, no te preocupes, pronto vendrá a nosotros.

– Tomás, ¿alguien de la familia contrajo la enfermedad? ¿Mara está enferma?

– Nadie tiene tuberculosis. Mara está bien, se desencarnará debido a un problema cardíaco.

En los primeros días que estuve en la sala del hospital de la Colonia, dormí mucho. Me alimentaba de jugos sabrosos, caldos calientes, panes y dulces. Me hice más fuerte, me sentía cada vez mejor, estaba feliz. Me levantaba y caminaba por la enfermería con muchas camas, casi todas ocupadas, y hablaba de vez en cuando con uno y otro. Todos allí estaban convalecientes. Me bañaba en duchas que fui a conocer allí. Pensé que todo era maravilloso.

Pude abrazar con alegría a doña Ambrozina, que estaba fuerte y juvenil, Madre Benta, Tiago, Juan y muchos amigos.

Un día, Tomás me dijo cuando me visitó:

– Bernardino, prepárate, pronto Mara estará en la próxima cama. Tu compañera está desencarnando.

– ¿Mara se enfermó? ¿Ella sufre?

– Mara no está enferma, como dije, su desencarnación será rápida.

Esperaba su llegada. Horas después fue con gran emoción cuando vi a Mara acostada en la cama junto a la mía. El equipo de amigos, Tomás, Madre Benta y Juan la llevaron a dormir. Estuvo dormida por horas. Despertó y encontró el lugar extraño, observó todo y preguntó:

– ¿Dónde estoy? ¿Qué es este lugar?

Me levanté de mi cama, me senté en la de ella, tomé su mano y le dije:

– Mara, estás aquí conmigo. Está en un lugar muy hermoso. ¡Aquí es genial!

– Bernardino, ¿cómo estás? ¿Te curaste?

– Sí, lo hice, no tengo dolor y estoy casi sano.

– Pero ¿no moriste? ¿Qué haces aquí conmigo? No me gustan los muertos. ¿Estoy soñando? ¡Qué sueño tan extraño!

Me detuve, no sabía cómo responder. Tomás que llegó en ese momento vino en mi ayuda. Saludó a Mara.

– Hola Mara ¿Cómo estás?

– ¡Más o menos, Tomás! ¡Pero también moriste hace tanto tiempo! Que haces en mi sueño Estás fuerte y joven. ¡Que gracioso!

– Mara, ¿no quieres dormir un poco? – Preguntó Tomás.

– ¡Pero ya estoy dormida! ¿Qué hago durmiendo por la tarde? ¡Quiero despertar! ¡Todo esto es extraño para mí!

– Mara – dijo Tomás –, no estás durmiendo. No morimos, nuestros cuerpos murieron y nuestros espíritus vinieron aquí. Te gustará aquí.

– Si no estoy durmiendo, si hablo contigo que falleciste, ¿qué pasó entonces? – Preguntó angustiada.

– Recuerda – dijo Tomás –, estabas sentada en la puerta de tu casa. Te sentiste enferma, dolores en el pecho, no tuviste tiempo de llamar a nadie. ¿Recuerdas?

Los ojos de Mara se abrieron, recordó y dijo en voz baja:

– Recuerdo el dolor en el pecho, luego me dormí. ¿Por qué dices que no estoy durmiendo?

– Es porque ya te has despertado.

– ¿Qué me pasó?

– Tu cuerpo murió como el mío y el de Bernardino – Tomás continuó explicando con calma –. Te trajimos; es decir, tú sin el cadáver; es decir, tu espíritu aquí. ¿Entendiste?

– Entiendo. Gracias por todo.

Bajó la cabeza para llorar suavemente. Tomé su mano de nuevo.

– Mara, ¿por qué lloras?

– Tengo miedo.

– ¿De qué?

– De mi juicio. ¿Iré al infierno? Parece que el cielo es para los blancos. Tomás y yo nos reímos.

– Mara – dijo Tomás – no hay juicio como nos enseñaron. Cada uno cuando se desencarne tendrá en lugares similares, lo que se merece. El cielo con ángeles tampoco existe. Los ángeles son buenos espíritus. Aquí hay una dirección de la casa del Padre. Es tan hermosa que se puede decir que es tan agradable como el cielo. Mara, Dios no separa a sus hijos por color. Si esto te tranquiliza, ya has sido juzgada y estás en un buen lugar. Juzgada, porque merecías un rescate por afinidad. Aquí es tan hermoso que podemos considerar el cielo.

– Bernardino, ¿has visto a Dios? ¿Cómo es él? ¿Blanco? – De nuevo fue Tomás quien respondió, porque yo no sabía qué decir.

– Mara, Dios es un espíritu, es como la luz. No tiene forma humana, por lo que no es blanco ni negro. Todavía no podemos verlo. Pero podemos sentirlo. Él está en todas partes.

Mara se alegró.

– ¿Entonces no voy al infierno?

– No, no lo harás.

– Si el cielo es diferente de lo que pensaba, ¿también lo es el infierno? ¿Él existe?

– Tenemos buenos y malos lugares para vivir después que estamos sin cuerpo. Como se te enseñó, el infierno no existe, porque no es eterno. Quien quiera que esté allí por afinidades, en el lugar que llamamos Umbral, solo queda el tiempo que necesitan para arrepentirse de sus errores y pedirle perdón a Dios. Ahora descansa, Mara, necesitas dormir para fortalecerte.

Tomás le explicó y le dio un pase, ella se acomodó en la cama y durmió. Se despertó muy bien, se levantó y juntos fuimos al jardín del hospital. Los amigos vinieron a visitarnos y hablamos entusiasmados. Días después, nos dieron de alta del hospital y Tomás nos llevó a su casa.

Me encantó todo en Colonia Alegría. El nombre mismo definía lo que ella era. Pequeña colonia en ese momento, ahora mediana. Hermosa, encantadora, rodeada de jardines y flores. Mara pronto se sintió a gusto y preguntó con curiosidad sobre todo lo que vio. Ella, que solo había estado en el pequeño pueblo cerca de la hacienda unas pocas veces, quedó deslumbrada por los edificios de la Colonia.

En la casa de Tomás, vivían además de él, la Madre Benta, Isaías, hijo de Tomás y Chiquita, esposa de Isaías.

– ¡Sean bienvenidos! – dijo Chiquita gentilmente. Ya he arreglado sus habitaciones.

– ¡Nunca había visto una casa tan hermosa! exclamó Mara. Qué interesante, solo presiona el botón y hay luz brillante en la casa.

Parecía una niña viendo las noticias. También me encantó todo lo que vi.

– No entiendo por qué llamas a este lugar Colonia. ¡Aquí es un cielo!

Nos reímos alegremente. Tenía una habitación solo para mí y Mara otra a mi lado. Por la noche recibimos la visita de doña Ambrozina y Mara inmediatamente preguntó:

– ¿Dónde vives?

– En una casa como esta, allí mismo – dijo señalando al lado derecho –. Vivo con parientes Yo trabajo en el hospital

– ¿Trabajas? ¿Siñá trabaja? – Preguntó Mara asustada.

– Sí, trabajo, y ¿por qué no debería? Aquí todos sirven a la comunidad. También debes asumir una tarea pronto.

– ¡Oh Jesús! – Exclamó Mara –. No sé hacer nada, solo cocinar.

– ¿Aun estás comiendo? Todavía lo digo porque pronto aprenderás a alimentarte con los fluidos de la naturaleza y ya no comerás más. Pero estos alimentos que ves aquí están hechos por personas como tú. Para comenzar, puedes ir a trabajar a la cocina del hospital.

– ¡Ser útil, trabajar aquí! Esto me haría muy feliz. No me gusta no hacer nada – dijo Mara felizmente.

Yo también me preocupé.

– ¿Y qué voy a hacer? Solo sé tratar con los animales y la tierra.

– ¿Ves qué hermosos jardines tenemos aquí? También tenemos huertos y pomares. Puedes trabajar con la tierra[6].

---

[6] N.A.E. – Estos trabajos podrían ser moldeados fácilmente por los asesores de las colonias. Pero, nos encanta tener algo en qué trabajar, los espíritus humildes, especialmente en los primeros días, reciben estas tareas que aceptan con gran alegría.

– Doña Ambrozina, gracias una vez más.

Fuiste tan amable con nosotros. ¡Estoy muy agradecido! ¡Eternamente agradecido! Te debo mucho.

– Bernardino, amigo mío, te agradezco tu afecto. Tú y Mara también fueron amables conmigo. Si me lo debías, ya pagaste. No me digas que siempre estás agradecido. Para siempre es mucho tiempo.

– No olvido que, en lugar de castigarme por escapar, me hablaste, me escuchaste y resolviste mi problema. No podría haber vivido sin mi familia.

Doña Ambrozina sonrió amablemente.

– Me avergüenzas, lo que hice fue solo el deber de todo cristiano. ¡Olvídalo!

– No puedo olvidarlo. Por tu amabilidad aprendí a estar agradecido. La gratitud creció y se fortaleció en mi pecho.

– De hecho, la gratitud es un sentimiento hermoso. Pero me has agradecido tantas veces.

Al notar que estaba avergonzado, cambié de tema. Pero estaba agradecido con Dios por darme tantas oportunidades, tantas encarnaciones para aprender y a doña Ambrozina, esta amable amiga.

Pronto estábamos trabajando, Mara en la cocina del hospital y yo en el jardín que lo rodea. Trabajamos ocho horas seguidas. Después nos fuimos a casa, descansamos y salimos a caminar, para conocer la Colonia, con sus bosques, flores, con agua limpia, con las casas, con sus edificios y jardines. Cuando dejé de dormir, quise trabajar más, pero doña Ambrozina nos invitó:

– Bernardino y Mara, tienen que aprender muchas cosas para cambiar tu forma de trabajar. En unos días irán a los talleres de telas. Aprenderán a hacer ropa.

– Pero no sé, Siñá, soy muy estúpida – dijo Mara, aterrorizada.

– No digas eso, Mara. Eres inteligente, solo que no has aprendido. Por eso quiero llevarte a visitar la escuela aquí y te invito a inscribirte. Aprenderán muchas cosas, incluida la lectura y la escritura.

– ¡Yo quiero! – dije eufóricamente –. Leer y escribir es todo lo que siempre quise en la vida.

– No – dijo Mara –, no creo que pueda aprender. ¡Es muy difícil!

Con incentivos, Mara y yo fuimos a la escuela. Nunca había aprendido a leer y escribir en portugués, pero sabía bien en varios otros idiomas.

Tan pronto como comencé a aprender, recordé y aprendí rápido. Lo mismo no era cierto con Mara. La pobre niña tenía dificultades, siempre la estaba ayudando. Al llegar temprano, nos separaron de la clase.

Esta escuela es muy bonita, solo para adultos. Se estudia durante cuatro a seis horas al día. Aprendes a leer y escribir, conocimientos generales, matemáticas, geografía, etc. También tenemos el estudio del Evangelio y la moral cristiana. Siempre hay maestros educados y atentos. Al final del año, en Navidad, tienes unos días de vacaciones. Realmente disfruté tanto la escuela como estudiar. Las escuelas de la Colonia son grandes y hay muchos cursos. Este simple aprendizaje ocupa solo un ala. Las escuelas son grandes, con muchos patios y jardines.

He cambiado muchas veces mi forma de trabajar en la Colonia. Aprendí todo muy fácilmente. Mara siempre temía un cambio, estaba cambiando, lentamente. Este cambio se realiza por esta misma razón, para aprender todo.

En tres años completé el curso que para los encarnados se refiere al primer grado. En ese momento trabajaba como asistente de enfermería. Qué feliz estaba de recibir mi certificado en una simple fiesta.

Desde que aprendí a leer, comencé a leer mucho. La vieja pasión por los libros había vuelto, solo que ahora estaba leyendo buenos libros. Al leer los libros de Allan Kardec y otros espíritas, entendí mucho la mediumnidad. Mi pasado me turbó. A veces lloraba por miedo a mis facultades, sabía que debido al abuso tendría que tenerlas y superarlas.

– Bernardino, no te preocupes tanto – doña Ambrozina me consoló –. Estudia mucho y vuelve preparado. ¿Por qué no vas a la India? Pregunta a tus superiores y regresa a tu antigua patria para estudiar. No escapamos de los problemas que nos afectan, tenemos que enfrentarlos para superarlos.

Fui al departamento a cargo, hice mi pedido y justifiqué por qué. Obtuve permiso para ir a una pasantía en una colonia que se encuentra en el plano espiritual de la ciudad donde vivía anteriormente. Dejé a Mara con amigos. Me fui con confianza.

Todas las colonias son encantadoras, cuya arquitectura representa bien a la India. Sus edificios parecían castillos encantados. Trabajaba ocho horas al día en sus diversos tipos de trabajo y las otras dieciséis horas las pasaba estudiando, escuchando conferencias y conversando.

Encontré, para mi felicidad, al rescatista que me ayudó cuando sufrí en la cueva. Continué llamándolo maestro y fue de él que escuché el consejo más sabio. Él siempre me decía:

– Todo lo que aprendemos o desarrollamos nos pertenece; debemos esforzarnos por usar lo que tenemos para bien. El abuso de un don o talento trae dolor y sufrimiento.

Pero tenemos libre albedrío para luchar contra nuestras adicciones y la victoria sobre ellas siempre nos da la verdadera felicidad. Depende solo de ti, Bernardino, a través de este regalo que tanto temes, reparar el mal que has hecho y usarlo ahora para el bien.

India es maravillosa. Después de dos años de estadía, quería regresar. Fue en Brasil donde tuve amigos y fue en suelo brasileño donde tenía la esperanza de reencarnarme. La Colonia Alegría me recibió con los brazos abiertos. Me quedé con mis amigos otra vez. Ahora Mara era solo una amiga, una preciosa amiga. Ella dejó de estudiar, no quería aprender más, solo trabajó, siguió siendo simple y amable.

Quería seguir estudiando. Tomé un curso que tomaron la mayoría de mis amigos. Doña

Ambrozina habló de él con entusiasmo. Es un curso de reconocimiento del Plano Espiritual[7].

Durante tres años, visité lugares encantadores, muchas otras colonias y puestos de socorro. También vi lugares donde la belleza está ausente, como Umbral. Comprendí cómo son los procesos para las reencarnaciones y desencarnaciones. Entendí un poco de todas las religiones, procesos obsesivos, locura y curación por fe, por Espiritismo. Llegué a conocer un poco de todo en el mundo espiritual y cómo vivir en espíritu. Realmente me gustó este estudio. Cuando terminó el curso, regresé a la Colonia y fui a trabajar al hospital con los enfermos graves.

Doña Ambrozina tomó un curso que la preparaba para ser una médium, encarnada, tenía muchas esperanzas.

– Quiero reencarnar y ser médium de nuevo. Solo que ahora no quiero dejar mi mediumnidad improductiva. Quiero ser útil y hacer el bien con este regalo sublime. Esta vez todo es más fácil para nosotros. El Espiritismo aparece con toda su fuerza

---

[7] N.A.E.: Este curso lo describe muy bien el espíritu de Patrícia en el libro Viviendo en el mundo de los espíritus.

en Brasil, ofreciendo a todos oportunidades para trabajar por el Bien con la mediumnidad.

– ¿No temes fallar?

– No. El fracaso es algo que no se me pasa por la cabeza. Quiero y venceré. Tengo todo para esto. Me preparé y tengo amigos que estarán aquí para ayudarme.

Pronto doña Ambrozina se reencarnó, Mara, Tomás y Juan la siguieron. Mis amigos estaban cubriendo el cuerpo de carne, todos esperanzados y con una tarea planificada que cumplir.

Tomé una decisión y obtuve permiso para permanecer en el plano espiritual por más tiempo. Quería prepararme mejor, porque sabía que traería las facultades que desarrollé a mi cuerpo carnal y que tendría que luchar conmigo mismo para usarlas para el bien.

11.- TRABAJANDO

Las frases que Ambrozina habló sobre el Espiritismo en Brasil me llevaron a meditar mucho. El Espiritismo vino a enseñar grandes verdades de una manera simple, principalmente la reencarnación, la ley de causa y efecto, y, para el médium, cómo trabajar para el Bien con la mediumnidad. Pensando mucho en las ventajas de reencarnar entre los espíritas y tener sus preciosas enseñanzas desde que era un niño, quería esto para mí. Fui al Departamento de Reencarnaciones en Colonia Alegría e hice mi pedido.

- En tres días volverás para encontrar la respuesta - dijo una señora que me respondió cortésmente.

Sabía que mi solicitud iba a ser estudiada, como todas las solicitudes. El día y la hora señalados, regresé al Departamento y me atendió uno de sus asesoras.

– Buenas tardes, soy Elenice – dijo una mujer joven, todavía muy amigable –. Siéntese por favor.

– ¿Se aceptó mi pedido? – Pregunté curioso.

– Sr. Bernardino, puede obtener lo que pidió, pero tenemos algo que exigir a cambio.

Estaba tan decepcionado que dejé que se notara en mi cara. ¿Algo a cambio? Extraño. Pero esperé tranquilamente a que la supervisora Elenice me explicara y lo hizo después de una pausa.

– Pedidos como estos son numerosos aquí. La educación en una cuna espírita hace que todo sea más fácil, especialmente para aquellos que tienen mediumnidad. ¿No fue por eso que nos lo pediste?

– Si es verdad. Creo que quiero privilegios sin merecerlo.

– ¿Y si te lo mereces?

– ¿Yo? ¿Cómo puedo hacerlo?

– Trabajando para la comunidad. Por el bien de los hermanos que sufren. Puedes tener este privilegio como dije. Trabajando durante diez años en el Umbral como rescatador.

– ¿Diez años? ¿No es mucho? – Pregunté con asombro. ¿En el Umbral? ¿Por qué allí?

– ¿Cuánto tiempo has estado desencarnado?

– Doce años.

– ¿No pasó rápido?

– Sí.

– Pasarán diez años también. ¿Qué son diez años frente a las oportunidades que tendrás dentro de una familia espírita?

– No pensé que reencarnar en el Espiritismo fuera tan complicado – dije sinceramente.

– Dijiste que era un privilegio, yo digo que te lo mereces. Casi todos los que se reencarnan en un hogar que sigue la Doctrina Espírita lo merecen. Pocos son por razones privadas o vinculados a miembros de la familia.

– Supervisora Elenice, me encantan las enseñanzas de Allan Kardec, estoy seguro que, si las sigo, no fracasaré la próxima vez que esté encarnado. Acepto. Pero, respóndeme, ¿todos los que hacen esta solicitud reciben la misma tarea?

Ella sonrió amablemente.

– No, Bernardino. Cada caso se estudia por separado y con cuidado. Cada solicitante recibe lo que necesita. Necesitas aprender a servir, amar a todos como hermanos, hacer el bien, cuidar a los demás. Entonces tienes muchas cualidades para servir como samaritano, estudiar allí, conocer el

Umbral, tienes la capacidad de dominar a los demás, tienes fortaleza mental.

– ¿Cuándo debo ir?

– Aquí está la tarjeta con la fecha establecida. Tienes que ir al Departamento de Trabajo y confirmar.

Miré, tendría que aparecer en dos días en el puesto de socorro Esperanza en las puertas del Umbral. Al no ver ningún obstáculo, completé:

– Entendido. Gracias.

Me despedí y me fui pensando. Incluso me preguntaba si valía tanto sacrificio. Pero decidí ir. Fui al Departamento de Trabajo, coordiné todo y recibí una carta de presentación.

– Lleva esta carta de la Colonia a los puestos que servirás – dijo un hombre que trabajaba.

Comuniqué mi decisión a mis amigos, desalojé la habitación de la residencia donde vivía. Ahora solo vendría a pasear por la Colonia.

Dejé la colonia por mi cuenta hacia el puesto de socorro Esperanza. Este puesto se encuentra en el Umbral más suave, es grande y muy hermoso. En diez minutos llegué, volité hasta entrar en Umbral, después reanimé rápidamente hasta el puesto.

Toqué el timbre y esperé, luego se hizo una abertura en la puerta.

– ¿Que desea? – Preguntó el portero.

– Soy Bernardino Aquí está mi tarjeta[8].

El portero tomó la tarjeta, la miró, me la devolvió y abrió la puerta.

– Bienvenido, puedes ingresar.

Entré y me presenté al director. Ya conocía el puesto Esperanza, es redondo y está rodeado de altos muros. Alrededor de la pared interior, hay un área, un patio con camas con pequeños árboles en flor; las flores de color rojo y rosa oscuro que adornan el área del puesto son hermosas. En el centro de Esperanza hay un jardín con muchas bancas y una hermosa fuente. El agua en esta fuente es para beber. Los internos de la casa, los que están en mejores condiciones, caminan por este jardín. Por lo general, se sientan en las bancas que rodean la

---

[8] N.A.E. – Para no dejar ingresar a personas inoportunas, los Puestos de Socorro en el Umbral tienen estas precauciones. Casos como estos, de ir de uno a tres trabajadores de los cuales el puesto no está al tanto, requieren la costumbre de tomar tarjetas de presentación de la Colonia. Pero estas puertas también están equipadas con un dispositivo que detecta los fluidos de las personas que desean ingresar. Estas precauciones son para prevenir ataques.

fuente para conversar y admirar la belleza del lugar. Todos los edificios salen del centro: la orientación, el alojamiento de los trabajadores domésticos, salas de conferencias, música, sala de oración, biblioteca, comedor. Los otros edificios son las habitaciones de los internos; es decir, el hospital con sus enormes salas.

El director me dio la bienvenida alegremente.

– Bernardino, estoy feliz, necesitamos muchos trabajadores, aunque tu tiempo entre nosotros es corto.

Mi horario en el puesto Esperanza sería el siguiente: tres meses trabajando dentro del puesto, seis meses dejando el puesto para ayudar a los hermanos del Umbral.

Tendría tiempo libre cada cuatro meses y cuatro días seguidos. Para mí fue genial. Tan pronto como llegué, el puesto recibió un grupo de veinte rescatados. Y empecé a trabajar. Allí trabajo de doce a catorce horas al día. Como no dormía, tenía muchas horas libres que pasaba agradablemente en la biblioteca, escuchando conferencias y hablando con amigos. Pronto me encontré y me hice amigo de todos en la casa.

Me dieron trabajo para la enfermería L, para hombres. Estaban enfermos en condiciones semi–conscientes, algunos hablaban, otros estaban balbuceando palabras con los ojos muy abiertos. Fui de cama en cama, les ayudé a bañarse, a usar el baño. Luego los acomodaba en la cama y ayudaba a aquellos que no podían alimentarse poniéndoles comida en la boca. A los que comían solos le hacía compañía. Hablaba con ellos, o, mejor dicho, respondía a lo que me preguntaban.

– Eres negro ¿Eras un esclavo? – Preguntó un caballero.

– Sí, lo fui.

– Ahora sirves a un seño. Yo era un dueño de esclavos. Pensé que tal vez por eso yo, ex esclavo, estaba en condiciones de ayudar y él no.

– ¿No lo conozco?

Cuando me pregunté, lo observé bien. Con asombro reconocí al señor Leônidas, el pretendiente de Siñá.

– ¡Sr. Leônidas!

– Me conoces, pero no eras mi esclavo.

– No, pertenecía a doña Ambrozina.

– La desagradecida que no me quiso. Si ella me hubiera aceptado, tal vez habría seguido su bondad y no sufriría como yo sufrí. Porque, esclavo, sufrí mucho.

– Pero, dije, ¿y si hubiera sido al revés? ¿Qué pasa si, como esposo, evitabas que ella hiciera el bien?

– Es correcto. No tenía buenas intenciones a este respecto.

– Tengo que irme. Hasta luego.

– Gracias.

Lo dejé en la cama y fui a continuar mi trabajo. Pero no pude evitar pensar que Madre Benta tenía razón cuando hizo todo lo posible para separar a nuestra Siñá de este hombre.

Al otro día, fui a cuidar a un hombre semiinconsciente y vi que tenía unas uñas enormes. Antes de bañarlo, le corté las uñas. Después de ser alimentado, cuando lo puse en la cama vi que tenía las uñas grandes otra vez. Me fijé en sus uñas, luego en su mente, casi involuntariamente, porque no estaba allí para leer mentes y ni siquiera conocer las causas, sino para ayudar, a trabajar. Vi la escena que él observaba una y otra vez. Cuando se encarnó, soltó las grandes uñas y con ellas atacó y mató a su abuela con una tonta pelea. Lo ahorcó con las manos después de haberla rasguñado toda. Sus dos sobrinos, que eran pequeños, vieron el crimen e hizo lo mismo con los dos muchachos. Dejando tres cuerpos, se escapó. Caminaba de un lugar a otro y mataba más a menudo, prefiriendo niños pequeños. Después, siempre se escapaba. Desencarnó y vagó por el Umbral sufriendo durante decenas de años. Incluso ahora, rescatado allí, no tuvo la bendición del olvido. La visión que tuve fue horrible, sus víctimas con una expresión de terror, angustia, pidiendo no ser asesinados por el amor de Dios y él frío, los ahorcaba y rasguñaba.

Lo dejé aterrorizado, no pude continuar mi trabajo. Salí de la enfermería y fui a ver al director de la casa.

– Señor – dije – no puedo seguir... – Le conté lo que pasó. El tranquilo director me escuchó y luego me explicó con amor:

– Es natural que te aterrorice esta escena. Pero no veo ninguna razón para dejar tu trabajo. Bernardino, ¿quién de nosotros no ha tenido un pasado de errores? ¿Quién de nosotros no necesitaba ayuda y perdón? Este hombre ha sufrido durante mucho tiempo, su condición, cuando vino a ser rescatado en esta casa, era mucho peor; su cuerpo periespiritual estaba desgarrado. Ahora, cuando ve sus errores sin descanso, sufre mucho. Vamos, voy a la enfermería contigo.

El director, con gran amabilidad, le estaba cortando las uñas y colocando una almohadilla de algodón con cinta adhesiva en la punta de los dedos.

– Este algodón, explicó, está empapado en una sustancia medicinal que evitará que la uña vuelva a crecer.

Cuando el director comenzó a cuidarlo, simplemente miré, y luego entendí la lección que el director amablemente me había dado: "Haz el bien sin mirar a quién." Comencé a ayudarlo.

– ¿Quién de nosotros está exento de ayuda? – dijo con un suspiro

El director me miró sonriendo. A menudo tenía que ayudar a este hombre, era mi trabajo. No lo rechacé más, hasta que pude sentir pena por él. Mejoró lentamente, su recuperación sería lenta.

El tiempo pasó rápidamente, pasaron los tres meses y salí con mis compañeros para caminar por el Umbral. El equipo de rescatistas en el puesto Esperanza patrullaba a kilómetros del puesto. El área era grande, pero el Umbral es más suave[9].

---

[9] N.A.E. – Los materiales utilizados en el plano espiritual, principalmente en lugares de angustia, son casi

La parte suave es más clara, como una puesta de sol para el rojo, esto durante el día, por la noche es muy oscuro. Tiene más vegetación, agua, el aire es menos pesado que en las profundidades. El Umbral llamado profundo es más oscuro, tiene poca vegetación, hay muchas cuevas y abismos, hay poca agua, es mucho más triste[10].

El equipo de rescatistas, de seis a ocho miembros, es alegre. Llevan una capa que cubre desde la cabeza hasta las rodillas; en el pecho, bordado en un pequeño círculo, está el nombre de Puesto Esperanza en beige claro. Todos usan batas.

Salimos con equipo, una mochila con cuerdas, sábanas, comida, agua, linterna y camilla[11].

A la salida, un grupo de alborotadores, escondiéndose detrás de las rocas, nos maldijo con palabras ofensivas y nos arrojó piedras. La ropa con capucha es para este mismo propósito, para protegernos, porque muchas piedras nos golpean. Sentí dos de ellas ligeramente, pero sin dañarme. Seguimos caminando como si nada hubiera pasado.

---

siempre los que usan los encarnados. Allí, muchos materializados están enfermos. Para entender mejor, el Umbral es llamado por nosotros leve y profundo.

[10] N.A.E.: Cada región tiene un nombre.

[11] N.A.E.: Todo el material que utilizan en el Umbral es del mismo material que nuestro periespíritu.

Cada vez que el equipo sale, se va a un lado, de modo que se visita cada parte de lo que corresponde al puesto. Caminamos durante horas, oscureció y la oscuridad fue total. Encendimos una linterna. Por la mañana llegamos a las afueras de un pueblo de residentes de Umbral. La ciudad era pequeña, rodeada de altos muros.

– No entraremos. Vamos a rodearlo, explicó el líder del equipo.

Los rescatadores siempre, cuando quieran, entran en estas ciudades No se me permite decir cómo, porque cuando se publica este escrito, incluso sus residentes pueden leerlo. Pero para este evento, acuda a pedir ayuda, a lo sumo van tres rescatistas.

Alrededor de estas ciudades siempre hay quienes necesitan ayuda, por dos razones: los que deambulan por el Umbral intentan ingresar a ellas, pensando en encontrar alivio allí para sus enfermedades; otra es que los jefes de estas ciudades arrojan a los enloquecidos y los pobres se pierden por allí.

Tuve compasión, aunque sabía que la pena no es suficiente, es necesario ayudar. Estábamos recogiendo a los enfermos y colocándolos en una zanja poco profunda. Uno de nosotros estaba allí mirándolos y cuidándolos; es decir, dándoles agua, algo de comida, preparándoles algún tipo de curativo. Mientras que los otros recorrieron toda la ciudad en busca de aquellos que necesitaban ayuda. Nos observaron desde la muralla de la ciudad.

– Saben que estamos aquí – dijo uno de los compañeros.

– ¿Y no hacen nada? – Pregunté.

– Como no estamos ayudando a alguien que les interesa, simplemente observan.

Durante todo el día atrapamos a doce necesitados. Llegó la noche y nos instalamos en la zanja. Pasaríamos la noche allí.

– No podemos caminar de noche con estos hermanos. Mañana comenzaremos la caminata hacia el Puesto Esperanza – dijo nuestro jefe, o mejor, el asesor del equipo.

Colocamos a los doce acostados uno al lado del otro y los rodeamos. Tres de ellos estaban completamente inconscientes, cinco semi-conscientes y cuatro lúcidos. Estos cuatro tenían mucho miedo y uno de ellos nos preguntaba todo el tiempo:

– ¡Ayúdenme por el amor de Dios! Tengo miedo de ellos. ¡Son malos! ¡Ayúdenme!

No fue fácil pasar la noche allí; encendimos dos linternas y esperamos el amanecer. Para asustarnos, los lugareños se rieron, gritaron, dejando a los más lúcidos llenos de miedo. Fue un alivio para todos cuando amaneció. Pusimos a los tres que dormían, en pesadillas horribles, sobre las camillas y los demás los pusieron sobre nuestras espaldas. Tengo dos de ellos. Sobre la cubierta atamos, con cuerdas especiales, en la parte posterior, una a cada lado. No fue fácil, el peso era demasiado, la caminata fue difícil y todavía nos turnábamos para llevar las camillas. Nos deteníamos a menudo para descansar. Llegó la noche, tuvimos que acampar. Esta noche fue más tranquila. No es agradable pasar la noche en el Umbral. Es larga y triste. Luego que empezó a despejarse, comenzamos a caminar. Una persona rescatada habló y habló, otros gimieron con tristeza.

Solo por la noche llegamos al Puesto. Estaba exhausto, los compañeros vinieron a ayudar a los rescatados, fuimos a bañarnos y a descansar. Después de dos días salimos de nuevo. Atravesamos zanjas y colinas en busca de hermanos necesitados.

Esperaba con ansia mis días libres. Cuando llegaron, fui inmediatamente a la Colonia. Luego fui a ver a los amigos que estaban encarnados. Doña Ambrozina, ciertamente con otro nombre ahora, nacida en una familia católica, ya sentía su mediumnidad. Su padre se encarnó y se quedó a su lado. Sin saber que había desencarnado, este caballero estaba junto a su hija menor, pasando a intercambiar fluidos. Mi ex Siñá, de seis años, era débil; es decir, el cuerpo se resintió. No pude ayudarla. Cuando vi lo que estaba sucediendo, regresé rápidamente a Colonia y pedí permiso para ayudarlos. Fue denegado

– Bernardino, no podemos ayudar a nadie que no pida ayuda. Este caballero era un médium y no trabajó con su mediumnidad, simplemente la ignoró. Desencarnó preocupado por sus asuntos materiales y quedó atrapado. En cuanto a la niña, sabía de las posibilidades que sufriría como médium. Esto servirá como una advertencia para la familia, la madre terminará pidiendo ayuda a las personas espíritas.

– ¡Mi pobre Siñá!

– Todo lo que pase ahora será superado. A ti, Bernardino, realmente te gusta este espíritu que todavía llamas Siñá. ¿Ser esclavo te marcó mucho?

– ... Sí, me marcó, aprendí mucho. Cautivo en el cuerpo fue una oportunidad para liberarme de las ilusiones de la materia. Aprendí a ser agradecido, a ser paciente y a resignarme. Esta encarnación fue importante para mi espíritu, este período cuando era esclavo en el cuerpo físico. Aunque era médium, no ejercí esta maravillosa facultad. Siñá se preparó para trabajar en el Bien con mediumnidad. También quiero estudiar después de este trabajo. Se hace más fácil, ¿no?

– Ciertamente que queda, estudiar es saber, saber es dominar. Muchos espíritus reencarnan y, a través del progreso, reciben la mediumnidad como consecuencia de la transformación que tendremos en el tercer milenio. Es algo del cuerpo, de herencia genética, porque en el futuro la mediumnidad será mucho más común. Aquellos que no se preparan desencarnados, cuando ejercen la mediumnidad encarnada, pueden usarla para el mal. Porque, Bernardino, estar encarnado es como estar en un mar de fluidos heterogéneos y, sin preparación, puedes sintonizarte con las malas vibraciones más bajas. Otros, sin preparación, ejercen su mediumnidad, porque el dolor los lleva a esto, sin tener el interés de mejorar internamente. Trabajan con ella tratando de hacer el bien a sí mismos, porque la mediumnidad es su gran oportunidad para aprender, ayudar y tener un conocimiento nuevo y verdadero, los que se preparan allí reencarnan con el entendimiento que se debe hacer el bien a sí mismo y a la mayor cantidad de personas. En sintonía con el plano espiritual más elevado; es decir, con los benefactores desencarnados, con este intercambio, traen enseñanzas más amplias y ayudan con la sabiduría. La mediumnidad no es castigo como muchos piensan, sino que es una gran oportunidad para reparar errores, crecer hacia el progreso, ayudar y auxiliar al prójimo.

Emocionado, le agradecí por la preciosa lección.

Mi descanso había terminado. Regresé al Puesto Esperanza, más animado a hacer mis diez años de servicio y tener una reencarnación en un hogar espírita. Llegué a la conclusión que, si doña Ambrozina estuviera en un hogar espírita, no sufriría esta obsesión.

Visité a doña Ambrozina en todos mis días libres. Después de un año, la madre, cansada de ver sufrir a su hija, y también sufrir juntas, buscó la ayuda de personas espíritas y el padre fue removido. Doña Ambrozina sanó, y creció fuerte y saludable.

Continué en el puesto saliendo con el equipo de rescatistas, siempre tomando días y volviendo con muchas personas rescatadas. Cuando terminaron los seis meses, sentí que me debía salir de Esperanza; me fui solo al Hogar de Jesús, un refugio en el Umbral llamado, aquí por nosotros, como la zona más profunda y pesada. Pero tenía una gran esperanza y un deseo de aprender y servir.

12.- APRENDIENDO A HACER EL BIEN

El Umbral era más pesado ahora, el aire putrefacto, el paisaje era feo y triste, un lugar donde hay escasez de todo, excepto el dolor y el sufrimiento. Era silencioso, las botas ayudaban a caminar sobre el terreno accidentado, dando seguridad a los pies. Recordé que, al tomar el curso de Reconocimiento del Plano Espiritual, al visitar el Umbral, un compañero le preguntó a uno de los instructores:

– ¿Qué pasa si uno de nosotros cae sobre estos acantilados?

– Con las botas que nos mantienen firmes tenemos más seguridad. Necesitas tener cuidado. Pero si esto sucede, para caer, tenemos que volver a levantarnos. O vas a la altura que deseas o subes la pendiente. Al estar en un grupo, uno ayuda al otro.

Es por eso que caminar solo en el Umbral es para aquellos con más conocimiento.

Sonreí ante los recuerdos. Allí estaba solo, más cuidadoso. No es habitual deambular por el Umbral, el aire es pesado y las dificultades para esta locomoción son grandes. Pero puede hacerse. Podría ir de un puesto a otro, pero no se recomienda. Lo mejor es caminar.

Estaba tan pensativo cuando casi tropecé con un espíritu que gimió tristemente. Me agaché para examinarlo, cuando un grupo de unos veinte gamberros comenzó a gritar y me rodeó. Con calma vibré de manera diferente y desaparecí de su vista. Aprovechando el hecho que no me vieron, salí rápidamente del círculo. El que estaba acostado, se levantó y exclamó:

– ¿Vamos a cambiar el juego? ¡No conseguimos uno! Los que se inclinan para verificar desaparecen cuando ven que han caído en la trampa. La mayoría pasa de todos modos.

– ¡Qué pena! Este parecía alto y fuerte, sería un buen esclavo. No puedes conseguir ninguno de los que van al puesto.

De hecho, no se tiene conocimiento de ningún arresto de rescatistas por parte de los hermanos ignorantes que siguen el mal, porque tenemos muchos recursos, como volitar y cambiar la vibración que nos hace invisibles para ellos.

Llegué al puesto "Hogar de Jesús." Me recibieron con cariño, ya conocía a su director o asesor de la casa, como lo llaman allí. Vicente ha estado a cargo del puesto por años.

– Bernardino, qué lindo darte la bienvenida. Entra, por favor. Dejar el Umbral y entrar al puesto es como estar en una terrible tormenta y estar protegido. El Hogar de Jesús es pequeño. Tiene cuarenta camas solamente, y la porción reservada para los trabajadores es mínima. Cuenta con biblioteca, sala de oración, cafetería y sala de reuniones. Hay veinte trabajadores, contando los rescatistas. Hay un pequeño jardín de flores muy similar a las que existen en la Tierra, como hortensias, claveles, palmeras, que florecen todo el tiempo debido a la mentalidad de Vicente, para que el puesto se vuelva más hermoso. En el centro hay una torre alta donde puedes ver todo alrededor. El puesto está equipado con baterías de defensas. Él siempre es atacado. Allí no se producen alimentos ni se confecciona ropa. La mayoría de los Puestos de Socorro reciben alimentos, ropa, medicinas y todo lo que necesitan de las Colonias a las que están afiliados. Tanto Hogar de Jesús como Puesto Esperanza están afiliados a la Colonia Alegría. El uniforme de los trabajadores del Hogar de Jesús es marrón. Simplemente cambia el color. La cubierta es la misma, con su útil protección.

Los rescatados se quedan allí provisionalmente. Se les busca, es decir, los rescatistas acuden en su ayuda en cuevas, agujeros y en las ciudades existentes, o núcleos de los hermanos ignorantes, en el Umbral. Allí reciben primeros auxilios. Una vez a la semana, el ómnibus, una adaptación del transbordador, viene de Colonia con provisiones y lleva a los rescatados a las salas de Colonia. Allí en Puesto Esperanza, que es más grande, esto no sucede; reciben provisiones, pero solo con excepciones los enfermos son trasladados. Aquellos que están mejor y aquellos que ya se recuperaron y que quieren ir a Colonia a estudiar, trabajar e incluso conocer. La primera vez que vi el transporte[12] le pregunté a mi asesor:

– ¿Él es atacado?

Él sonrió y me aclaró:

– Por lo general, al ir y venir, da la impresión a quienes lo ven de una bola luminosa. Pero si esto sucede, no pasa nada. Está bien hecho y es de material resistente.

---

[12] N.A.E.: En cada región se le conoce por un nombre: tren, autobús, lanzadera; donde estaba Bernardino se le llama ómnibus.

Para conocer las noticias, la televisión y un dispositivo más moderno que el teléfono se utilizan para comunicarse.

Trabajé ocho meses dentro del puesto. Entonces me fui con el equipo de rescate, que también se les llama samaritanos. Se puede ver un máximo de cuatro personas aquí. Solo en giras con visitantes es el equipo más grande.

Estas salidas a veces duran días. Al regresar al puesto tenemos horas libres. Usé las mío, en la biblioteca, leyendo y estudiando. Cuando no encontramos libros que queremos leer, lo tomamos prestado de la biblioteca de la Colonia.

Vi muchas tormentas. Los rayos cortan el aire despejándose por segundos. Los vientos fuertes incluso transportan espíritus de un lugar a otro. La lluvia cae llevando y limpiando. El aire se vuelve más suave después de estas tormentas. El personal del puesto conoce estas tormentas días o incluso horas antes. Advierten a los socorristas que están fuera, cuando están en las ciudades oscuras[13], no pueden comunicarse para no ser localizados. Estas tormentas también ocurren en las ciudades del Umbral.

---

[13] N.A.E.: Estas ciudades se nombran de muchas maneras, todas tienen sus propios nombres.

También está la tormenta de fuego. Este evento tiene una fecha programada y todos los rescatistas se quedan en el puesto. Pero si uno se queda donde hay una tormenta, el fuego no lo quema. Tanto la cubierta lo protege como él aprende a neutralizar el fuego.

La primera vez que lo vi, hice muchas preguntas:

– ¿El fuego quema espíritus errantes?

Uno de los rescatistas, que había estado allí durante algún tiempo, me respondió amablemente:

– El fuego pasa lentamente. Hay tiempo para que todos salgan y se refugien, porque el fuego se extiende sobre el lodo donde muchos se refugian. Apenas ingresa a las cuevas o socavones, si ingresa es a solo unos metros de la entrada, no se profundiza. Tampoco va a sus ciudades; es decir, los residentes del Umbral. Pero si sucede que arde, el daño no es como el fuego para el encarnado; sienten, pero esto no sucede con los inocentes, porque, primero, los rescatistas buscan todo. Todos los espíritus que están en el suelo, arrastrándose, si no pueden ser llevados al puesto, porque no ha llegado el momento, y porque no quieren ayuda, son llevados a las cuevas antes que pase el fuego.

– ¿Por qué tiene el fuego purificador?

– El nombre lo dice, para purificar un poco el lugar.

– ¿No podría el fuego quemar su ciudad?

– Podría, si quisieran. Pero el objetivo no es destruir ni forzar a nadie, es solo purificar.

Más tarde, tuve oportunidades de trabajar para evitar que ocurriera este incendio. El supervisor de la casa recibe de la Colonia, de antemano, el día y la hora en que pasará el incendio. Tres días antes, todos los trabajadores en el hogar deben estar en el puesto. La tarea comienza. Salimos a revisar todos los lugares, ayudando, llevando espíritus donde pueden sentirse seguros. Al ver este movimiento, los residentes sospechan y tratan de protegerse. Solo, egoístamente, entran a sus ciudades y se encierran para que nadie pueda entrar. No sirve de nada para aquellos que vagan en busca de ayuda allí. Cuando pasa el fuego, todo vuelve a la normalidad. Pero temen este fuego, algo que no pueden neutralizar. El trabajo es intenso, las veinticuatro horas del día. Muchos de los que deambulan por el Umbral nos enfrentan en este trabajo, a veces tenemos que defendernos. Sin embargo, cuando llega el incendio, muchos de ellos se sienten bien y van a la casa a pedir refugio. No podemos ayudarlos. Allí van maldiciendo y generalmente se retiran a las cuevas. Muchos piden refugio sinceramente. Siempre hay mucha ayuda, tanto que a veces tenemos que trasladar a los enfermos, a los protegidos, al Puesto Esperanza. Donde está Esperanza, el fuego no pasa. En el Umbral más profundo, los refugios son casi todos giratorios; es decir, se mueven. Pero el Hogar de Jesús está fijo. Ha estado allí por casi cuatro siglos.

En el Hogar de Jesús continué con la misma forma de trabajar, cuatro días libres después de cuatro meses de trabajo. Durante estos días solía pasarlos en el Puesto Esperanza donde veía amigos, luego iba a la Colonia Alegría y, después, visitaba a amigos encarnados. Aprovechaba la oportunidad para ver videos, ir a conferencias, devolver libros que tomé prestados de la biblioteca y recoger otros. Allí regresaba al Hogar de Jesús.

Al principio, fui al Umbral con dos compañeros, luego con uno y finalmente solo.

En esa parte del Umbral donde trabajamos y que está bajo el cuidado del Hogar de Jesús, hay una ciudad oscura, llamada Vale do Sal. Las primeras veces que fui, fui con dos compañeros. Entonces empecé a ir solo.

Este pueblo es pequeño, se llama Vila. Y se llama Vale do Sal, porque hubo un hechicero que transformó espíritus desobedientes en estatuas de sal. Este hecho me indignó y pregunté:

– ¿Realmente existía este hechicero?

– Sí, él era el dueño del pedazo, todos le temían en el Umbral. Lo llamaron Rey Noveno. Era extranjero, es decir, vino de Europa. Muchos espíritus rescatados dieron la impresión de ser estatuas, duras, petrificadas y blancas.

– ¿Cuál fue el final de este hechicero, este espíritu?

– Fue adoctrinado por un buen espíritu, también conocedor de fenómenos y gran poder mental.

Sabemos que lo llevaron a una escuela y luego lo reencarnaron.

– ¿Y las estatuas, es decir, los espíritus? – Pregunté curioso.

– Fueron recuperados después de un tratamiento, regresaron a lo que eran.

– ¿Todos?

– Si todo. Las personas recuperadas podrían elegir ser rescatadas o deambular. Todos se quedaron con nosotros.

No es fácil entrar y caminar por la ciudad de los residentes del Umbral. Vale do Sal está bien protegido. Por lo general, estas ciudades tienen laboratorios, salas de sonido, escuelas donde aprenden a hacer el mal, a vengarse, a obsesionar, etc. Bibliotecas con revistas y libros de baja calidad. El lugar es feo, los edificios se apiñan, a veces hay un exceso de lujo, predominando los colores brillantes, dando una idea del poder y la riqueza.

La primera vez que estuve allí fue para ayudar a un espíritu que mentalmente pedía ayuda; sinceramente me dio pena, estaba atrapado en la rueda, un dispositivo de tortura. Estaba lúcido[14].

Llegamos y mi compañero se le acercó y dijo en voz baja:

– Cálmate, estamos aquí para ayudarte.

La ayuda llegó y salimos de la ciudad, llevándolo con nosotros.

Ciertamente saben de estas ayudas, pero no pueden evitarlas. A veces, pensando que alguien importante para ellos fue rescatado, regresan y atacan el puesto. Pero no logran nada. Quien es rescatado, es rescatado.

---

[14] N.A.E. – Desafortunadamente, no puedo decir cómo se hizo. Después que se narraron algunos datos en este sentido, estos hermanos se volvieron más cautelosos, lo que dificultó el trabajo de estos rescatadores desinteresados o samaritanos.

La segunda vez, solo fuimos yo y otro. Ayudamos a una mujer que se vio obligada a prostituirse. Ella era muy linda. Estaba tan agradecida que, tan pronto como fue posible, se convirtió en rescatista, trabajadora en el Puesto Esperanza.

Nosotros, los socorristas del Umbral, también servimos como cicerones para los compañeros que vienen con un propósito o servicio particular al Umbral, así como para los grupos que vienen a conocer y estudiar el lugar.

A menudo iba solo a Vale do Sal, siempre para ayudar a alguien en prisión, esclavos, espíritus que nos pedían ayuda mental. Un día un estudiante me preguntó:

– Si alguien pide ayuda falsa, ¿puede tender una trampa?

– Primero, la trampa sería inútil, ya que no pueden arrestarnos ni dañarnos. Segundo, estas solicitudes nos llegan solo si son sinceras, arrepentidas y con fe.

– ¿Y los que están allí, sufriendo una revuelta?

– Un día se arrepentirán y pedirán ayuda.

– Al ayudar al inconsciente, ¿cómo saber si lo siente?

– Incluso aquellos que están inconscientes tienen tiempo para ser rescatados. Conocemos a los que pueden. Estos son llevados a los refugios, pero al despertar pueden tener una opción. Muchos abandonan los refugios y van a deambular, otros agradecen la ayuda y se quedan. Los que prefieren irse son rescatados nuevamente más tarde, cuando están listos para esto.

Diez años pasaron rápidamente. Cuando expiró el plazo, estaba feliz de haber hecho lo que me propuse. Terminé conociendo todas las partes de esa región del Umbral, todos los residentes, aquellos que deambulan y sufren. A menudo ayudando, o dando agua, hablando con espíritus rebeldes que no quieren ser ayudados. Quiero explicar que todos quieren deshacerse de sus males y dolores, pero pocos quieren cambiar para mejor, pedir perdón y perdonar, aceptar las condiciones de orden, higiene y obedecer las reglas de un hogar de ayuda. La mayoría quiere seguir diciendo malas palabras y blasfemias. Entonces fui a ellos, hablé por minutos u horas. Cuando se me acababa el tiempo, tenía ganas de dejarlo todo. Durante este período que estuve allí, aprendí a amar ese trabajo, la oscuridad no me hizo daño, me acostumbré a orientarme en ella.

Hubo dos casos que en ese momento atendía con afecto. El primero fue el de uno de los habitantes de la ciudad de Vale do Sal. Un día él, Habano, como lo llamaban, vino a hablarme.

– ¡Hola hijo del Cordero! ¡Tú allí! ¿Quieres prestarme atención?

– Claro, dime – le respondí.

Este chico se acercó. Era feo, alto, jorobado, con cara de animal, o, mejor dicho, un burro. Llevaba pantalones y un chaleco de cuero adornado con cadenas.

– Sé que eres uno de los trabajadores del otro lado. También sé que son muy tontos. No quiero ofenderlos, pero dicen que trabajan por aquí por nada. Recogen y cuidan de personas infelices que ni siquiera lo merecen. allí los vi recogiendo al inconsciente.

– Sí, es verdad – respondí.

Estuvo callado por un momento. Entonces, torpemente, me dijo:

– No puedo hablar correctamente, pero quiero un favor tuyo.

– Di lo que quieras.

– Tengo una hija en el estanque cinco, sufre mucho y no sé cómo ayudarla[15].

– ¿No puedes sacarla de allí? – Le pregunté.

– Ella no me reconoce y tiene mucho miedo. Verla sufrir allí en ese barro me angustia. No quiero llevarla a Vale do Sal, es muy hermosa. No quiero esta mala vida para ella.

– ¿Crees que ella estaría mejor con nosotros? ¿Por qué no vienes a nosotros también?

– No tengo manera. Soy de naturaleza mala, no merezco nada, pero ella es la flor de una niña.

– Te ayudaré.

– Sí... bueno... gracias.

Tartamudeó torpemente y se alejó. Pensé que, si ella fuera una flor, no estaría allí. Pero fui al estanque y pronto la encontré. La tomé de las manos y la saqué del barro. La llevé a un mini puesto. Este lugar era un mini refugio. Llevamos espíritus allí que casi aceptaban ayuda. En la cueva, en ese momento, había seis espíritus. Allí iba dos veces al día, llevaba agua, comida, hablaba con ellos. Todos estaban al tanto. Poco a poco se arrepintieron y muchos, después de un período allí, pudieron

---

[15] N.A.E. – Estanque Cinco es el nombre dado a un lugar. El Umbral está dividido por nombres.

recibir ayuda. En la cueva, le limpié la cara y las manos, la ayudé a vestirse, porque su ropa estaba hecha jirones. Le di agua y comida y la dejé en un rincón. Sabía lo que había hecho al leer sus pensamientos. Estaba aterrorizada de su padre que la separó del hombre que amaba y la obligó a casarse con otro. Era infeliz, engañó a su esposo y terminó asesinándolo. Desencarnó en una pelea con uno de sus amantes, la mató. No lo lamentaba, tenía odio, mucho odio hacia su padre, su esposo y su amante.

Hablaba con todos los presentes, hablaba de Jesús, la necesidad de perdonar y ser perdonado, la vida hermosa en otros lugares. Habano, a menudo la observaba desde lejos. Dalila, como se llamaba la niña, un día quiso ayuda, quería olvidar y perdonar. La llevé al puesto y desde allí fue transportada a la Colonia. Su padre, al no verla en la cueva, preguntó:

– Señor, ¿a dónde llevaste a Dalila?

– Se dirigió a la dirección de los buenos. Ella estará bien pronto. ¿Sabes que te perdonó?

Él lloró.

– ¿Cómo te llamas? ¿Tu verdadero nombre?

– Francisco

– Bonito nombre.

Él se fue, pero siempre venía a mí para conversar. Este espíritu estaba casi adoctrinado y sentí que estaba dejando el trabajo sin terminar.

Había ocho espíritus en la cueva, me caían bien todos, pero Magda era diferente. Ella se castigó a sí misma.

– Sr. Bernardino, no se preocupe por mí. No lo merezco. Necesito sufrir No puedo olvidar mis males. Tengo que sufrir...

Conversaba mucho con ella. Se negaba a ir al puesto y tener ayuda.

En el momento justo dejé el Hogar de Jesús. Me despedí de todos con un abrazo amistoso. Luego llegó el momento de despedirse de amigos en el Puesto Esperanza. Fui a la Colonia Alegría y me presenté al Departamento de Trabajo.

– Felicidades, Bernardino – dijo la trabajadora que me atendió. Diez años de buen servicio. Ahora, quieres estudiar y prepararte para la reencarnación, ¿no?

Pensé en el Umbral, en los espíritus que dejé allí. Aunque sabía que otros rescatistas me reemplazarían, sentí la pena dejarlos.

– ¿Reencarnar? – Pregunté distraídamente.

– Por supuesto, trabajaste diez años para obtener el merecimiento de un hogar espírita.

– ¡Merecimiento! Dijiste bien. Cuando vine aquí por primera vez e hice esta propuesta, no pensé en el bien que me haría para ayudar a otros. Cuando fui ayudado... por los sufrimientos que vi, por la ayuda que brindé, entendí la vida y allí tuve la mejor enseñanza que necesitaba. Aprendí a respetar y amar a todos como hermanos, me hice cargo de mi orgullo, gané paciencia, gané amigos y, lo mejor de todo, aprendí a hacer el bien. Y todo lo que hago es sin esperar gracias. Gané estos años, solo yo.

La niña me miró sonriendo. Después de una pausa, continué:

– Aprendí a hacer el bien... Soy realmente otro. No tengo miedo de mí mismo, de lo que tengo. ¿No me llevarían diez años más a seguir aprendiendo? Por favor, quiero revocar mi pedido. Quiero trabajar en el Hogar de Jesús por otros diez años. ¿Es posible?

– Por supuesto. Sabes bien que carecemos de trabajadores en esa área. Pero disfruta de tus cuatro días libres y piensa si esto es lo que realmente quieres.

Lo pensé y me sentí feliz con mi decisión. Regresé al Puesto Esperanza y me saludaron. En el

Hogar de Jesús con emoción. Me sentí feliz. La primera vez que llegué a casa encontré su alegría extraña, ahora lo entendí. Fue la felicidad de servir. Estar allí con amigos era todo lo que quería. Reanudé mi trabajo con valor. Más tarde pude ayudar a Magda a perdonarse y pude protegerla en el Hogar. Francisco se convirtió en mi amigo, hablamos todos los días, hasta que, llorando, fue conmigo a la casa donde llegó avergonzado. Fue al Puesto Esperanza, desde allí fue llevado por el equipo a un Centro Espírita para su incorporación, de modo que los fluidos del encarnado lo ayudaran a regresar a su forma humana. Si no lo llevaban al Centro Espírita, le tomaría mucho tiempo recomponerse, incorporado era cuestión de minutos.

Serví diez años otra vez. Cuando expiró el tiempo, tenía tantos casos para resolver que lo retrasé. Tan pronto como resuelva esto, iré, dije. Pero vino otro y me quedé. Pasaron dos años más. Hasta que recibí una declaración de la Colonia, o más bien, del Departamento de Trabajo. Me pidieron que informara al Órgano para regularizar mi situación.

— Bernardino, ¿tienes miedo de reencarnar? — Preguntó Vicente.

– No tengo más – respondí. Aprendí a hacer el bien y espero ser bueno. Trabajar en el Bien es la mejor experiencia de aprendizaje que puedes tener. Siento, seguro, que podré servir en la carne, ser un siervo de Jesús.

– Si tienes que reencarnar, no lo pospongas más.

Nuevamente me despedí de todos. Amigo se ausenta, no se separa. Tenía muchos buenos amigos. Todos me deseaban éxito y felicidad. Me fui. En el Departamento de Trabajo, dije con alegría:

– Ahora estudiaré y me prepararé para reencarnar.

Conocí a Bernardino en la Colonia Especial, que actualmente prepara a las personas para ser médiums encarnados. Debido a que teníamos un amigo en común, doña Ambrozina, nos convertimos en grandes amigos y desde allí a contar su historia fue un paso. Narró su vida, cuando en una tarde libre estábamos sentados en una banca en el jardín de la Colonia de los Médiums[16]. Y terminó esto:

– Cuando reencarne seré nieto de doña Ambrozina, quien ahora está encarnada con otro nombre. Seré hijo de una de tus hijas. Toda la familia

---

[16] N.A.E. – Desafortunadamente, no todos los médiums asisten a esta escuela.

es espírita. Doña Ambrozina es una médium trabajadora que cumple con sus obligaciones. Tendré el regazo de mi abuela para guiarme en la infancia. Y luego, quién sabe, podré mostrar mi gratitud., estando aquí contigo, tranquilo y feliz, solo tengo que estar agradecido con Dios, con el Padre más grande por las oportunidades que tenemos para aprender a amar.

FIN.

Libros de Vera Lúcia Marinzeck de Carvalho

y Patricia

Violetas en la Ventana

Viviendo en el Mundo de los Espíritus

La Casa del Escritor

El Vuelo de la Gaviota

Vera Lúcia Marinzeck de Carvalho

y Antônio Carlos

Amad a los Enemigos

Esclavo Bernardino

la Roca de los Amantes

Rosa, la tercera víctima fatal

Cautivos y Libertos

<u>**Grandes Éxitos de Zibia Gasparetto**</u>

Con más de 20 millones de títulos vendidos, la autora ha contribuido para el fortalecimiento de la literatura espiritualista en el mercado editorial y para la popularización de la espiritualidad. Conozca más éxitos de la escritora.

<u>**Romances Dictados por el Espíritu Lucius**</u>

La Fuerza de la Vida

La Verdad de cada uno

La vida sabe lo que hace

Ella confió en la vida

Entre el Amor y la Guerra

Esmeralda

Espinas del Tiempo

Lazos Eternos

Nada es por Casualidad

Nadie es de Nadie

El Abogado de Dios

El Mañana a Dios pertenece

El Amor Venció

Encuentro Inesperado

Al borde del destino

El Astuto

El Morro de las Ilusiones

¿Dónde está Teresa?

Por las puertas del Corazón

Cuando la Vida escoge

Cuando llega la Hora

Cuando es necesario volver

Abriéndose para la Vida

Sin miedo de vivir

Solo el amor lo consigue

Todos Somos Inocentes

Todo tiene su precio

Todo valió la pena

Un amor de verdad

Venciendo el pasado

Libros de Eliana Machado Coelho y Schellida

Corazones sin Destino

El Brillo de la Verdad

El Derecho de Ser Feliz

El Retorno

En el Silencio de las Pasiones

Fuerza para Recomenzar

La Certeza de la Victoria

La Conquista de la Paz

Lecciones que la Vida Ofrece

Más Fuerte que Nunca

Sin Reglas para Amar

Un Diario en el Tiempo

Un Motivo para Vivir

¡Eliana Machado Coelho y Schellida, Romances que
cautivan, enseñan, conmueven y
pueden cambiar tu vida!

Romances de Arandi Gomes Texeira y el Conde J.W. Rochester

El Condado de Lancaster

El Poder del Amor

El Proceso

La Pulsera de Cleopatra

La Reencarnación de una Reina

Ustedes son dioses

Libros de Vera Kryzhanovskaia y JW Rochester

La Venganza del Judío

La Monja de los Casamientos

La Hija del Hechicero

La Flor del Pantano

La Ira Divina

La Leyenda del Castillo de Montignoso

La Muerte del Planeta

La Noche de San Bartolomé

La Venganza del Judío

Bienaventurados los pobres de espíritu

Cobra Capela

Dolores

Trilogía del Reino de las Sombras

De los Cielos a la Tierra

Episodios de la Vida de Tiberius

Hechizo Infernal

Libros de Elisa Masselli

Siempre existe una razón

Nada queda sin respuesta

La vida está hecha de decisiones

La Misión de cada uno

Es necesario algo más

El Pasado no importa

El Destino en sus manos

Dios estaba con él

Cuando el pasado no pasa

Apenas comenzando

<u>Libros de Mónica de Castro y Leonel</u>

A Pesar de Todo

Con el Amor no se Juega

De Frente con la Verdad

De Todo mi Ser

Deseo

El Precio de Ser Diferente

Gemelas

Giselle, La Amante del Inquisidor

Greta

Hasta que la Vida los Separe

Impulsos del Corazón

Jurema de la Selva

La Actriz

La Fuerza del Destino

Recuerdos que el Viento Trae

Secretos del Alma

Sintiendo en la Propia Piel

www.ingramcontent.com/pod-product-compliance
Lightning Source LLC
Chambersburg PA
CBHW021154160726

47994CB00001B/210